W0086893

SOFORTHELFER BONSAI

ANNEGRET RÜGER

KOSMOS

ALLE THEMEN IM ÜBERBLICK

↗ *SEITE 63*

Frühlingspflege

- Die Pflege der Bonsai von März bis Mai
- Ausräumen aus dem Winterquartier
- Gießen & Düngen
- Grundschnitt & Gestaltungsschnitt
- Umtopfen

↗ *SEITE 85*

Sommerpflege

- Die Pflege der Bonsai von Juni bis August
- Gießen & Düngen
- Blattschnitt & Entlaubung
- Spezieller Schnitt bei Chinesischem Wacholder
- Azaleenpflege

↗ *SEITE 103*

Herbstpflege

- Die Pflege der Bonsai von September bis November
- Gießen & Düngen
- Totholzgestaltung
- Mykorrhiza

↗ *SEITE 115*

Winterpflege

- Die Pflege der Bonsai von Dezember bis Februar
- Vorbereitung des Winterquartiers
- Einräumen
- Überwintern
- Gießen
- Drahten

WAS FINDE ICH WO?

KOSMOS **SOFORTHELFER**

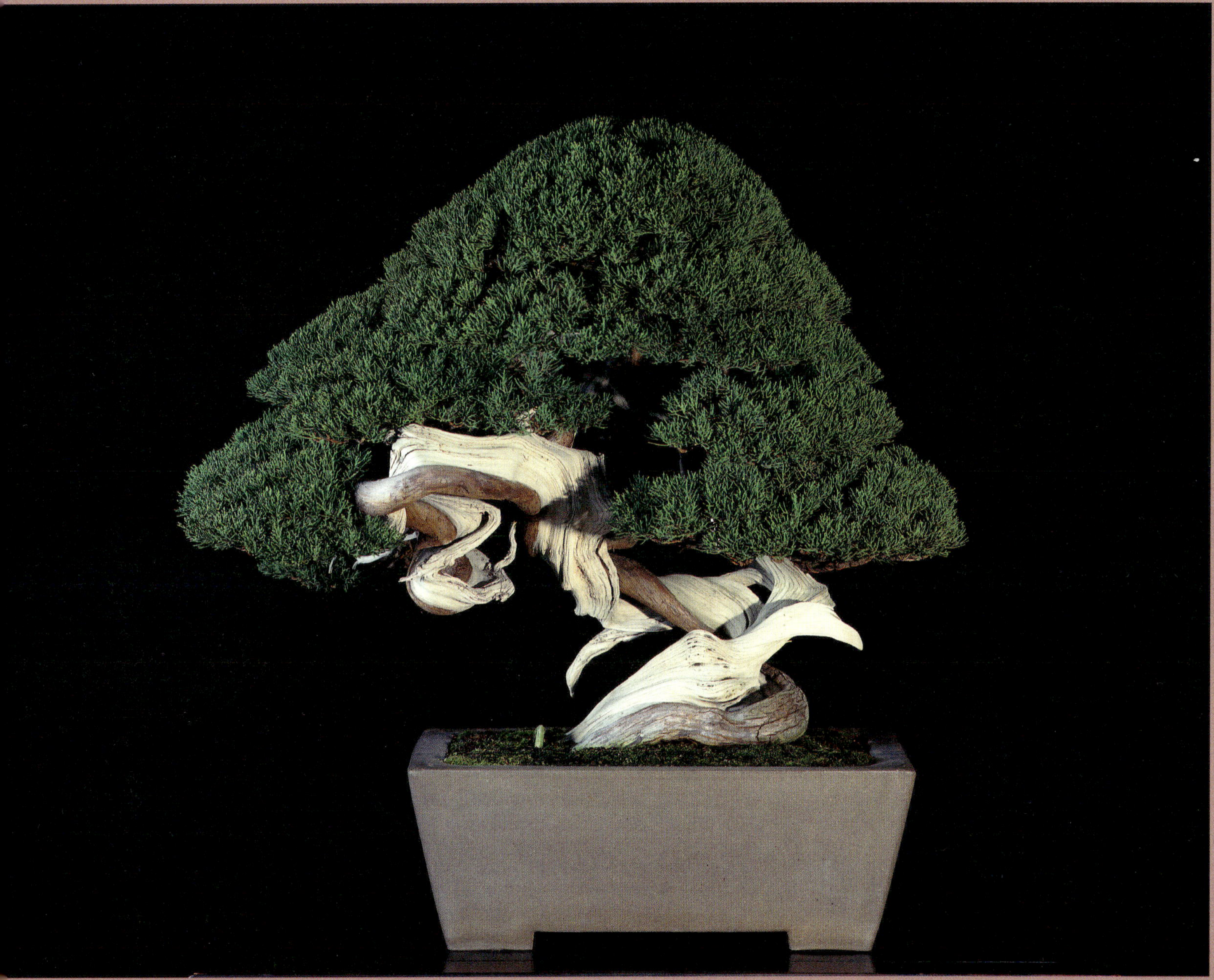

DIE
/
36
SCHNELLSTEN
ANTWORTEN

BASICS

EINEN BONSAI ZU BESITZEN HEISST VERANTWORTUNG ZU ÜBERNEHMEN. ALTE SOLITÄRE WURDEN ÜBER VIELE JAHRZEHNTE GEPFLEGT UND ZU EINEM EINZIGARTIGEN INDIVIDUUM ENTWICKELT. ABER AUCH IN EINEM JUNGEN BONSAI STECKEN FAST IMMER SCHON EINIGE JAHRE ARBEIT.

Der Wert eines Bonsai liegt nicht in erster Linie in seinem Alter. Es ist das Gefühl von Alter, das er in uns hervorrufen sollte. Die Ausstrahlung eines alten Baumes, der seit Jahrzehnten oder Jahrhunderten den Witterungen trotzt und dadurch ein hohes Maß an Individualität bekommen hat.

Dies kann man bei guter Pflege auch in einigen Jahren erreichen. Um den Eindruck eines Baumveteranen zu erwecken, muss man gar nicht so viel tun. Nur das Richtige zur rechten Zeit.

Ein Bonsai ist nicht pflegeleicht. Das tägliche Kontrollieren seiner Bedürfnisse ist unumgänglich. Nur während der Winterruhe hat auch der Bonsaibesitzer etwas längere Pflegepausen. Wer allerdings vom „Bonsaivirus" befallen ist, der wartet meist schon auf die nächste Möglichkeit, an seinem Baum zu arbeiten, und kann es kaum erwarten, dass sich die ersten Blätter zeigen.

STANDORT

Für einen Bonsai kann es mehr als einen richtigen Platz geben. Er kann ganz individuell nach seinen momentanen Bedürfnissen umgestellt werden, um so immer optimal Sonne, Regen oder nach einem Eingriff wie Umtopfen auch einmal Schutz zu bekommen.

RICHTIGES GIESSEN

Wenn Bonsai eingehen, liegt es meist am übermäßigen Gießen. Ein Bonsai kann besser mit einer kurzen Trockenperiode umgehen, als ständig in nasser Erde zu stehen.

DÜNGEN

Da Bonsai durch ihren Lebensraum Schale keine Möglichkeit haben, sich selbst mit Nährstoffen zu versorgen, ist das Düngen eine wichtige Aufgabe des Besitzers. Spezielle Bonsaidünger unterscheiden sich von Düngern für andere Pflanzen durch ihre Zusammensetzung.

WELCHEN BONSAI HABE ICH?

WELCHE
BONSAI GIBT ES?

- Jede Pflanze, die verholzt, kann theoretisch ein Bonsai werden.
- Nadelbäume wie Kiefern, Wacholder und Eiben
- Laubbäume wie Äpfel, Ahorn, Buchen und Azaleen

WORAUF
MUSS ICH ACHTEN?

- Der Standort muss zur Art passen.
- Bonsai brauchen regelmäßige Pflege. Eine tägliche Kontrolle, außer in der Winterruhe, muss sein.
- Einen Bonsai zu besitzen ist vergleichbar mit der Haltung eines Haustiers.
- Einen grünen Daumen sollte man haben.

Laubbaum oder Nadelbaum?

- Viele Bonsailiebhaber bevorzugen entweder Nadel- oder Laubgehölze. Man sollte aber in erster Linie auf den Standort achten. Wenn man voll sonnige, aber auch halbschattige Stellmöglichkeiten hat, kann man frei wählen. Falls aber der einzige Stellplatz auf einem Balkon in unbeschatteter Südausrichtung liegt, sollte man z. B. auf einen Japanischen Fächerahorn verzichten.

Geeignete Arten

- Grundsätzlich gilt: Jede Pflanze, die verholzt, kann man als Bonsai gestalten. Natürlich gibt man denjenigen Sorten den Vorzug, die kleine Blätter oder kurze Nadeln haben. Da hier die Proportionen besser stimmen, entsteht eher die Illusion eines großen Baumes. Allerdings verkleinern sich durch das Leben in der Schale mit reduziertem Wurzelwachstum auch Blätter und Nadeln.

KOSMOS
SOFORTHELFER

Ist man vom „Bonsaivirus" befallen, neigt man dazu, voller Enthusiasmus zu viele Bäumchen anzuschaffen. Lassen Sie es langsam angehen. Der Platz ist begrenzt, Ansprüche entwickeln sich und alle diese Pflanzen wollen in den nächsten Jahren gut gepflegt werden.

Pflege

- Viele Menschen haben Angst vor der Pflege eines Bonsai, die jedoch kein Mysterium darstellt. Letztendlich ist der Bonsai auch nur eine Pflanze in einem Gefäß, wenn auch einem sehr kleinen – mit ähnlichen Ansprüchen wie andere Kübelpflanzen auch.

GRUNDAUSSTATTUNG

WAS
BRAUCHE ICH?

- Ballbrause, Bonsaigießkanne oder einen sehr feinen Brausekopf am Gartenschlauch. Wichtig ist, dass nicht durch einen harten Gießstrahl das Substrat aus der flachen Schale gespült wird.
- Zweigschere
- Bonsaispezialdünger
- Bonsaibuch als Ratgeber

WORAUF
MUSS ICH ACHTEN?

- Kein Billigwerkzeug kaufen, denn nur an qualitativ hochwertigen Werkzeugen hat man lange Freude.
- Passt die Schale gut zum Baum? Eine passende Schale wertet den Bonsai auf.
- Die richtige Erde für den Baum aussuchen, falls er bald umgetopft werden muss.
- Muss der Bonsai entdrahtet werden?

Ballbrause

- Beim Kauf des ersten Bonsai sind zwei Dinge sofort nötig: Ein Ratgeber, der über die ersten Unsicherheiten hinweg hilft, und eine Ballbrause.
- Der feine Gießstrahl spült kein Substrat weg und man kann die Schalenoberfläche gleichmäßig befeuchten.

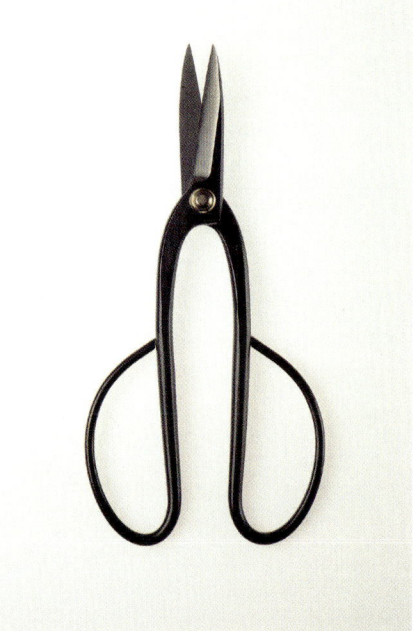

Zweigschere

- Eine Schere, die Größe hängt von der Größe des Bonsai ab, kann schon bald nötig sein. Hat man einen Bonsai in der Wachstumsphase gekauft, sind erste Schnitte zur Formerhaltung eventuell schon nach wenigen Tagen wichtig.

Dünger speziell für Bonsai

• In Baumschulen richtet sich der Preis des Baumes auch nach seiner Höhe, daher ist ein schnelles Wachstum erwünscht. Bonsai hingegen sollen langsam wachsen, kurze Nadeln und kleine Blätter haben. Der Stickstoffanteil (N) muss deshalb bei einem Bonsaidünger immer niedrig sein. Phosphor (P) und Kali (K) dagegen werden stärker betont. Sie sorgen für gesundes und festes Laubwerk.

KOSMOS
SOFORTHELFER

Bonsai sind ein bisschen wie Hochleistungssportler. Sie brauchen beste Ernährung und Pflege, um sich an ihrem extremen Standort, einer meist flachen Schale und wenig Erde, optimal zu entwickeln.

BONSAI KAUFEN I

WO
KANN ICH BONSAI KAUFEN?

- Beim Bonsaifachhändler. Im Anhang finden Sie eine Auswahl der wichtigsten Händleradressen des deutschsprachigen Raumes. Außerdem im Internet unter: www.bonsaizone.de oder www.bonsai-club-deutschland.de
- Bei Bonsai-Ausstellungen. Infos dazu unter www.bonsai-forum.de oder www. bonsai-fachforum.de
- Das Internet ist für jüngere Bonsai auf jeden Fall eine Option.
- Einen alten Solitär muss man vor dem Kauf persönlich begutachten. Hier sollte man sich unbedingt vom Profi beraten lassen.

Bonsaifachhändler

- Die Pflege eines Bonsai ist nicht ganz unproblematisch. Eine gute Beratung durch einen Spezialisten ist zu empfehlen. Er wird Ihnen den für Ihren Standort geeigneten Bonsai empfehlen und Sie zu seinen speziellen Bedürfnisse beraten: Wann sollte der Baum wieder umgetopft werden? Welcher Winterschutz? etc.

Kurse

- Investieren Sie in Ihr Wissen. Bonsaifachhändler bieten Kurse an. Nur wenn Ihr Bonsai gesund ist, haben Sie Spaß an Ihrem „Familienmitglied". In einem Baumarkt oder Möbelhaus kann man diese Kompetenz nicht erwarten. Hier wird nur Massenware aus Fernost angeboten.

KOSMOS

SOFORTHELFER

Nehmen Sie sich Zeit. Im besten Falle begleitet Sie ein Bonsai das ganze Leben. Bevor Sie in kurzen Abständen kleinere Beträge für junge Bäume ausgeben, sollte man sich überlegen, die gleiche Summe vielleicht einmal jährlich für einen besseren Bonsai zu investieren.

Bonsaiausstellungen

- Achten Sie auf Bonsaiausstellungen in Ihrer Region. Hier finden sich meist auch Fachhändler aus ganz Deutschland und bieten am Rande der sehenswerten Ausstellung eine große Auswahl an Verkaufsware an. Veranstaltungshinweise findet man in der Fachliteratur oder in Internet-Foren.

BONSAI KAUFEN II

WORAUF
MUSS ICH ACHTEN?

- keine Mitleidskäufe
- auf gesundes Laub
- Gibt es einen Befall mit Schädlingen?
- auf die Form

Keine Mitleidskäufe

- Kaufen Sie keine Pflanze aus Mitleid. Kranke Bonsai können Ihre Pflanzen zu Hause anstecken. Unnatürliche und unschöne Stämme und Äste werden sich kaum verbessern. Auch stark eingewachsene Drähte hinterlassen, besonders bei Laubbäumen, Narben, die nie wieder verschwinden.

Pflegezustand

- Achten Sie auf den Pflegezustand aller angebotenen Bonsai. Macht das Laub einen gesunden Eindruck? Sind keine sichtbaren Schädlinge oder Pilzkrankheiten festzustellen? Wenn die Pflanzen einen guten Eindruck auf Sie machen, vertrauen Sie bei der Auswahl des Baumes auf Ihr Bauchgefühl.

KOSMOS
SOFORTHELFER

Ein Freilandbonsai ist unproblematischer als ein Zimmerbonsai. Er ist in unserer Klimazone heimisch und somit leichter zu pflegen. Sommerhitze oder Frost im Winter sind für ihn normal und Sie müssen ihn nur den Jahreszeiten entsprechend versorgen.

Der perfekte Bonsai?

- Wenn ein Bonsai einen schönen Wurzelansatz hat, der Stamm sich wunderbar verjüngt und alle Äste an der richtigen Stelle sind, wird es meist kostspielig.
- Um diese Qualitätsmerkmale zu erreichen, sind schon viele Jahre Zeit und Arbeit in die Pflanze investiert worden.

Aussehen

- Die Schönheit eines Bonsai liegt im Auge des Betrachters. Er sollte im besten Fall etwas in Ihnen auslösen. Gerade im nicht ganz perfekten Baum kann man häufig den besonderen Reiz entdecken. Es gibt viele preisgekrönte Bonsai, die nicht allen formalen Idealen entsprechen.

STANDORT

WORAUF
MUSS ICH ACHTEN?

- Der Standort muss zur Art passen:
- Nadelbäume wie Kiefern oder Wacholder brauchen den ganzen Tag volle Sonne, aber auch manche Laubbaumsorten wie der Dreispitzahorn können problemlos große Hitze und volle Mittagssonne vertragen.
- Viele Laubbäume wie der japanische Fächerahorn, jüngere heimische Buchen und Azaleen brauchen auch viel Licht. Sie vertragen aber bei großer Hitze keine Mittagssonne und müssen dann einen Ausweichplatz haben.

WELCHES
IST DER BESTE STANDORT?

- Jeder Bonsai braucht Licht. Der Standort sollte also recht sonnig und luftig sein.
- Vollschattig sollte kein Bonsai stehen.

Standort

- Ein möglichst exponierter Platz, an dem der Baum der Witterung (Wind und Regen) ausgesetzt ist, macht den Bonsai unempfindlicher gegenüber Schädlingen und Krankheiten. Ein zu geschützter Platz verschafft auch unerwünschten Bewohnern bessere Verbreitungsmöglichkeiten. Zu lange anhaltende hohe Luftfeuchtigkeit durch schlechte Belüftung kann Pilzerkrankungen wie Mehltau fördern.

Sonneneinstrahlung

- Beobachten Sie den Standort Ihres Bonsai. Erhält er im Frühling und Herbst durch den niedrigen Sonnenstand weniger Sonne? Wird er durch Nachbarhäuser oder große Bäume stundenlang beschattet? Das gilt es bei der Standortfrage zu berücksichtigen.

KOSMOS
SOFORTHELFER
Wenn Bonsai dichter als ca. 50 cm vor einer Wand stehen, müssen sie gelegentlich (zwei- bis dreimal monatlich) gedreht werden, sonst verkümmert die Rückseite und die Knospenbildung wird dort immer schwächer. Alles Wachstum entwickelt sich einseitig zum Licht.

Platzwechsel

- Kein Bonsai hat ein Problem damit, umgestellt zu werden. So kann im Frühling und Herbst ein Platz genau richtig sein, im Hochsommer ist es dort aber zu heiß.
- Tauschen Sie die Plätze, Ihr Bonsai wird das nicht übelnehmen, ganz im Gegenteil.

ERSTE PFLEGE

WAS
MUSS ICH BEACHTEN?

• Wo wird der Bonsai aufgestellt?
• Was muss ich beim Standort beachten?
• Wie viel Wasser braucht ein Bonsai?
• regelmäßige Schädlingskontrolle

Aufstellen

• Der Untergrund, auf dem eine Bonsaischale steht, sollte rau sein, damit Gieß-
und Regenwasser abfließen können. Auf
polierten Platten entstehen Pfützen.
Niemals im Freien eine Unterschale bzw.
Untersetzer verwenden, hier kommt es
zu Staunässe und das führt immer zu
Wurzelschäden.

Windschutz

• Da der Bonsai nicht dicht vor schützenden
Wänden stehen sollte, müssen Sie ihn
vor Sturmschäden schützen. Eine simple
Möglichkeit ist es, einen oder zwei dünne
Kupferdrähte über die Schale zu ziehen
und am Stellplatz zu befestigen.

KOSMOS
SOFORTHELFER
Haben Sie den Verdacht, dass Ihr Bonsai von Spinnmilben befallen ist, können sie dies leicht überprüfen. Hält man ein weißes Blatt unter einen Ast und schüttelt ihn leicht, fallen die winzigen Spinnentiere auf das Papier. Hinterlässt Ihr Fingernagel beim Darüberstreichen rote Spuren, müssen Sie aktiv werden.

Gießen oder nicht?

- Ist die Substratoberfläche sichtbar trocken und auch etwa 1 cm tief ist das Substrat nicht feucht, sollte man kräftig gießen. Erst wenn aus den Abzugslöchern Wasser tropft, kann man sicher sein, dass ausreichend gewässert wurde. Die Erdoberfläche muss wieder abgetrocknet sein, bevor man erneut gießt.

Schädlingskontrolle

- Ein leichter Blattlausbefall im Frühling am zarten Neuaustrieb schadet keinem gesunden Bonsai. Hier reicht meist ein kräftiger Wasserstrahl, um die Blattläuse zu entfernen. Bei Kiefern die Astunterseiten auf Wollläuse untersuchen. Ist das Blatt- oder Nadelwerk fahl, können Spinnmilben die Ursache sein.

WO
FINDE ICH BONSAISCHALEN?

- Im Bonsaifachgeschäft oder in deren Internet-Shops. Bei Letzteren ist es allerdings aufgrund der kleinen Abbildungen oft schwer zu beurteilen, ob die Schale wirklich optimal zum Baum passt.
- Welche Schale passt zu welchem Baum?
- Wenn man beim Schalenkauf seinen Bonsai mitnimmt, kann man sicher sein, dass man die richtige Wahl trifft. Denn selbst wenn man genaue Maßangaben hat ,müssen zwei gleich große Schalen nicht beide optimal passen.

WELCHE
BONSAISCHALEN GIBT ES?

- Der Handel bietet eine Vielfalt an Schalen vom handgetöpferten Unikat bis zur einfachen Industrieschale an. Die Schale ist ein wichtiges Gestaltungselement des Bonsai. Sie kann seine Schönheit unterstreichen oder ihm die Show stehlen.

WIE
REINIGE ICH DIE SCHALEN?

- Mit Klinkeröl, erhältlich im Baumarkt.
- dünn mit einem Lappen aufgetragen, erfüllt diesen Zweck absolut zufriedenstellend.

Platte

- Eine filigrane Fichte kann auf einer Platte besonders wirkungsvoll in Szene gesetzt werden. Eine schwere Kiefer braucht einfach mehr Schale. Eine Hilfe bei der Auswahl: Die Höhe der Schale sollte in etwa dem Stammdurchmesser entsprechen.

Glasiert oder unglasiert?

- Ein natürliches Material wie Keramik ist aus optischen Gründen immer einer Kunststoffschale vorzuziehen.
- Eine japanische Regel besagt: Laubbäume symbolisieren das Weibliche und harmonieren besser mit glasierten Schalen.
- Nadelgehölze stehen für das Männliche und passen besser in unglasierte Schalen.

KOSMOS

SOFORTHELFER

Jüngere Bonsai darf man in etwas zu große Schalen setzen, denn sie sollen noch schneller wachsen und sich möglichst schnell entwickeln. Beim ausgereiften Bonsai hingegen möchte man starkes, unkontrolliertes Wachstum verhindern. Zum Erholen nach einem Schaden wird aber auch hier in eine größere Schale umgesetzt.

Keine Regel ohne Ausnahme

- Dies sollte man nicht als Dogma betrachten, denn so sieht man die doch sehr feminine Azalee fast immer in unglasierten Schalen. Hier sorgt der Kontrast für mehr Spannung. Die starken Farben der Blüten und eine glänzende Schale würden zu bunt und kitschig wirken.

DIE RICHTIGE ERDE

WORAUF
MUSS ICH ACHTEN?

- Die Erdoberfläche in der Schale darf nicht verdichtet sein, nur dann können Wasserverwertung und Luftzirkulation funktionieren. Bei Erden wie Akadama oder Kanuma immer den Staub aussieben.

WELCHE ERDE
FÜR WELCHEN BAUM?

- Die Bedürfnisse sind gar nicht so unterschiedlich, solange es sich um eine Erde handelt, die nicht tagelang nass bleibt. Manche Pflanzen brauchen leicht saure Erde, wie z. B. Azaleen. Für sie verwendet man Kanuma, eine japanische Azaleenerde.

- Torfähnliche Spezialerde wie Ketozuchi stammt aus Japan und ist sehr „klebrig". Gemischt mit 20–40 % sehr feinem Akadama und etwas Wasser ergibt sie deshalb eine sehr gute Knetmasse für Felsgestaltungen oder einen Rand auf flachen Platten. Immer mit Moos belegen.

Bonsaierden

- Alle Bonsai bevorzugen ein körniges, luftdurchlässiges und strukturstabiles Substrat. Wasser fließt schnell ab und der Bonsai steht nicht in nasser Erde. So kann ein gutes Wurzelwachstum stattfinden und entsprechend gut ist dann auch das Wachstum des Baumes.

Regeneration der Wurzeln

- Je weniger oder schlechter die Wurzeln eines Bonsai sind, umso grobkörniger sollte das Substrat sein. Durch das schnelle Abtrocknen und die gute Luftführung regenerieren sich die geschädigten, feinen Haarwurzeln, und die Pflanze erholt sich. In einem solchen Fall unbedingt Mykorrhiza beim Topfen dazugeben.

KOSMOS

SOFORTHELFER

Ist die Erdoberfläche verdichtet, muss man nicht immer gleich umtopfen, zumal dies auch nur in der geeigneten Jahreszeit stattfinden sollte. Das Aufharken der Erde mit einer Wurzelkralle ist, wie das Harken im Garten, meist ausreichend, sodass man den Bonsai wieder gut versorgen kann.

Haarwurzeln

- Solche gesunden, für die Wasseraufnahme notwendigen Haarwurzeln bilden sich in einem lockeren, gut belüfteten und feuchten Substrat. Hat ein Bonsai diese vitalen Wurzeln, ist auch die Entwicklung über der Erde an Blättern und Nadeln perfekt.

Spezialerden

- Bewährt haben sich Akadama (gebranntes Lehmsubstrat aus Japan), Kiryu (Spezialerde für Nadelgehölze), sowie Mischungen aus Lavasplitt, Bimskies, Zeolith oder Vulkanton. Jungpflanzen bis ca. 10 Jahre benötigen noch einen Anteil organisches Material. Sand und Kies sind schlechte Wärmepuffer, daher nur in Maßen oder besser gar nicht verwenden.

GIESSEN I

WOMIT
KANN MAN GIESSEN?

- Ballbrause
- spezielle Bonsaigießkanne
- Schlauchbrause
- Sprühkanne für die tägliche Dusche des Bonsai

WELCHES
WASSER IST RICHTIG?

- Am besten mit Regenwasser gießen.
- Weiches, leicht saures Leitungswasser (pH-Wert von 5,5–6,5, Härtegrad bis 10° dH, beim Wasserwerk erfragen) ist ebenfalls gut geeignet.
- Steht solches Wasser nicht zur Verfügung, kann mit Wasserfiltern für den Haushalt eine weitere Reduktion des Härtegrades erreicht werden.
- Niemals destilliertes, das heißt demineralisiertes Wasser verwenden. Dieses würde bei häufiger Anwendung den Bonsai – sowie jede andere Pflanze auch – absterben lassen. Wie alle Pflanzen mögen auch Bonsai, wenn möglich, kein eiskaltes Wasser.

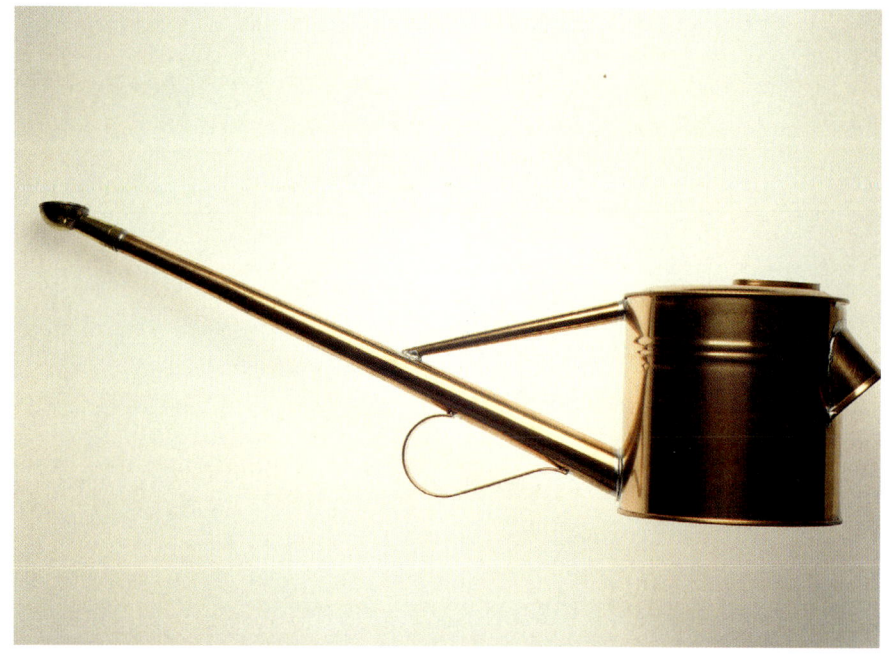

Gießgeräte

- Das richtige Gießwerkzeug ist wichtig, da dann das Substrat nicht ausgespült wird. Hat man nur einen oder wenige Bonsai, ist eine Ballbrause eine preiswerte und gute Möglichkeit zum Wässern. Mit ihr kann man sehr exakt gießen, daher ist sie auch gut für Zimmerbonsai auf der Fensterbank geeignet.

Gießkannen

- Bonsaigießkannen aus Kupfer oder Edelstahl sind nicht nur ansprechend geformt, sondern durch ihre spezielle Form mit dem überlangen Hals und der besonders fein gelochten Tülle ideal, einen Bonsai perfekt zu gießen. Bonsaigießkannen aus Kunststoff erfüllen diesen Zweck selten befriedigend.

KOSMOS
SOFORTHELFER

Weiches Wasser ist für Bonsai von nicht zu unterschätzender Bedeutung. Gießt man kalkmeidende Pflanzen wie Azaleen immer mit hartem Wasser, werden sie eingehen. Kalkablagerungen auf der Erde und an der Schale sind ein Warnzeichen, dass etwas geändert werden muss.

Schlauchgießgeräte

• Bei einer großen Sammlung von Bonsai ist es am einfachsten, mit einem Schlauch zu gießen. Hier sollte man unsere handelsüblichen Brauseköpfe durch einen speziellen Schlauchbrausenaufsatz für Bonsai ersetzen. Auch dieser wurde für das Gießen von Bonsai entwickelt und hat einen sanften Gießstrahl.

GIESSEN II

WIE
GIESSE ICH RICHTIG?

- Probleme an Bonsai durch zu viel Wasser sind häufiger und meist auch folgenreicher für die Pflanze als Schäden, die sie durch Wassermangel erleiden.

WANN
GIESSE ICH?

- Am besten gießt man einen Bonsai am Morgen. Je nach Jahreszeit und Temperatur muss man während des Tages eventuell sogar mehrmals gießen. Wenn nach Sonnenuntergang noch Restfeuchte besteht, ist es besser, bis zum nächsten Morgen zu warten.

WIE
OFT MUSS MAN GIESSEN?

- Es gibt keine Faustregel, wie oft ein Bonsai gegossen werden muss. Viele Faktoren wie Temperatur, Jahreszeit, Vitalität des Baumes und der Standort beeinflussen den Wasserbedarf. Im Hochsommer an einem sonnigen, windigen Platz muss möglicherweise bis zu dreimal täglich gegossen werden.

Wann wird gegossen?

- Erst wenn die Erdoberfläche abgetrocknet ist (nicht ballentrocken), wird ausgiebig gewässert. Nicht den „Gießschatten" hinter dicken Stämmen vergessen. Bonsai im Freien niemals in Unterschalen setzen. Hier besteht die Gefahr von Staunässe. Das Wasser muss ungehindert aus den Abzugslöchern abfließen können.

Genau beobachten

- Beim neu erworbenen Bonsai sollte man in den ersten Wochen aufmerksam beobachten, wie schnell er abtrocknet. Wer mehrere Bonsai besitzt, wird auch feststellen, dass der Bedarf von Baum zu Baum unterschiedlich sein kann. Bei Erde wie Akadama kann man durch die Hellerfärbung des Substrats erkennen, wie viel Feuchte noch vorhanden ist.

KOSMOS

SOFORTHELFER

Keine Angst vor dem Über-
sprühen der Blätter bei Sonnenschein. Sie bekommen
ganz sicher keine Verbrennungen, denn sonst wären
unsere Pflanzen nach jedem
Sommergewitter am Tage in
höchster Gefahr. Es ist viel-
mehr eine willkommene Ab-
kühlung für die überhitzte
Pflanze und Schale.

Nicht zu viel gießen

- Zu häufig gegossene Bäume lassen manchmal die Blätter hängen und beginnen gelb zu werden. Wenn man das als Wassermangel interpretiert, ist man auf dem besten Weg, seinen Bonsai ganz umzubringen. Durch Staunässe sind die feinen Wurzelhaare verfault (oben), und die Pflanze kann kein Wasser mehr aufnehmen.

Sprühen

- Bonsai schätzen ein Übersprühen mit kalkfreiem, nicht zu kaltem Wasser. Eine Dusche ist aber nur eine Erfrischung und kein Ersatz für das Gießen. Viele Schädlinge wie Spinnmilben mögen keine solchen regelmäßigen Duschen.

DÜNGEN I

WELCHER
DÜNGER IST DER RICHTIGE?

- Der Handel bietet Dünger in fester und flüssiger Form an. Bei Freilandbonsai ausschließlich Flüssigdünger zu verwenden ist nicht ratsam, da bei starken Schauern oder Dauerregen der Dünger ausgewaschen wird.

WARUM
WIRD GEDÜNGT?

- Bonsai sollen in ihrer kleinen Schale Hochleistungen vollbringen. Dafür brauchen sie Unterstützung durch eine bestmögliche Ernährung.

WELCHER
DÜNGER IST DER RICHTIGE?

- Bonsaidünger ist auf die speziellen Bedürfnisse abgestimmt.
- Erden wie Akadama und Kanuma enthalten kein organisches Material. Das gleicht man mit organischem Spezialdünger aus.

Feste Dünger

- Ein fester Dünger wie z. B. Bio Gold wird nur ca. alle 6 Wochen neu aufgelegt und gewährleistet eine zuverlässige Versorgung der Pflanze Bonsai. Bei jedem Regen und Gießen wird Dünger an die Pflanze abgegeben. Wird wegen Hitze mehr gegossen oder es regnet über einen längeren Zeitraum sehr stark, muss man früher neuen Dünger auflegen.

Zusammensetzung

- Bonsai brauchen Spezialdünger. Wenig Stickstoff (N) ist wichtig, denn schnelles Höhenwachstum ist unerwünscht. Ideal ist eine Zusammensetzung von Stickstoff (N) 5, Phosphor (P) 6–8 und Kali (K) 3–5. In dieser Reihenfolge (N, P, K) ist sie auf allen handelsüblichen Düngern genannt.

> **KOSMOS SOFORTHELFER**
>
> Feste Düngerbrocken sollten, wenn sie zerfallen, mit einem Besen von der Oberfläche entfernt werden, da sie sonst das Substrat unnötig verdichten.
> Bei einem organischen Bonsaidünger ist eine schädigende Überdüngung nicht möglich.

Organischer Dünger

- Ein organischer Dünger steht der Pflanze nicht unmittelbar zur Verfügung. Er kann erst dadurch, dass Mikroorganismen ihn aufnehmen, verarbeiten und die Nährsalze wieder ausscheiden, von der Pflanze genutzt werden. Diese Kleinlebewesen sorgen für ein gesundes Bodenklima und das Vorhandensein von für den Bonsai notwendigen Pilzmyzelien (Mykorrhiza).

Düngerwirkung

- Hier wird die Wirkung des Düngens deutlich. Links eine mit Bonsaidünger versorgte Linde, rechts die unterversorgte Pflanze. Hungert eine Pflanze in dieser Form, kann man auf Dauer keinen gesunden und schönen Bonsai erwarten.

DÜNGEN II

WIE
WIRD GEDÜNGT?

- Beachten Sie genau die Anleitungen auf dem Etikett oder lassen Sie sich vom Fachhändler beraten.

WANN
WIRD GEDÜNGT?

- niemals im Winter (Ausnahme Zimmerbonsai)
- nur in der Wachstumsperiode
- nicht während der Blütezeit

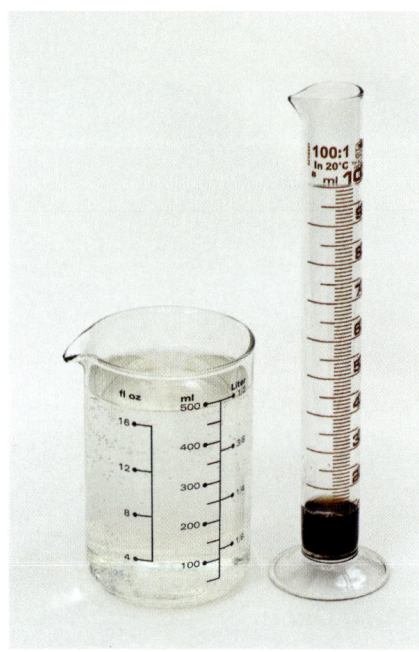

Flüssigdünger

- Flüssigdünger muss man alle 8–10 Tage ausbringen. Macht man hier längere Pausen, ist der Bonsai unterversorgt. Bei festen Düngern sind die Abstände je nach Sorte größer. Das macht die Anwendung nicht nur bequemer, man ist auch auf der sicheren Seite, dass der Bonsai gleichmäßig mit Nährstoffen versorgt wird.

Tauchen

- Ist ein Bonsai lange nicht umgetopft oder hat wie die Azalee einen sehr dichten Wurzelballen, können Nährstoffe nur noch sehr schwer in den Kernballen dringen. Hier kann man ausnahmsweise die Schale für einige Minuten in eine Flüssigdüngerlösung tauchen.

KOSMOS

SOFORTHELFER

Auch kurz nach dem Umtopfen kann, wenn nötig, leicht gedüngt werden. Hier ist es allerdings besonders wichtig, keine hochkonzentrierten, mineralischen Dünger zu verwenden.

Der richtige Zeitpunkt

- Gedüngt wird nur in der Wachstumsperiode von Ende April bis Anfang September. Die Herbstdüngung ist sehr wichtig, denn hier werden die Blatt- und Blütenknospen für das nächste Jahr angelegt. Der dafür nicht benötigte, eingelagerte Dünger schiebt die erste Blatt- und Nadelgeneration im nächsten Frühjahr an.

Laubbäume düngen

- Der Laubbonsai sollte seine ersten Blätter voll entfaltet haben, bevor man mit dem Düngen beginnt. Dies kann bei manchen Sorten auch erst im Mai der Fall sein. Nadelbäume können, da sie immer über Grünmasse verfügen, schon etwas früher gedüngt werden.

WERKZEUGE

WAS
BRAUCHE ICH?

- Ob man sich für das sehr scharfe, schwarze Carbonwerkzeug oder für das rostfreie aus Edelstahl entscheidet, ist nur individuell zu beantworten. Pflegen sollte man sein Werkzeug gut und nicht im Freien vergessen.
- Die Grundausstattung an Werkzeugen, die nötig ist, hängt von Art und Größe des Bonsai ab. Ist es eine kleine Jungpflanze, reicht fürs Erste eine Schere und die Ballbrause. Ist der Bonsai größer und es sollen erste Gestaltungsschnitte erfolgen, ist wesentlich mehr an Werkzeugen nötig.

WORAUF
MUSS ICH ACHTEN?

- Gutes Werkzeug, meist aus Japan importiert, macht sich bezahlt. Bei sachgemäßem Gebrauch hält es viele Jahre, während billiges Werkzeug häufig schon nach wenigen Anwendungen kaputt geht.

KOSMOS
SOFORTHELFER

Desinfizieren Sie das Werkzeug nach dem Arbeiten an einem Bonsai immer an den Schnittflächen mit reinem Alkohol. So verhindern Sie das Übertragen von vielleicht noch nicht erkannten Krankheiten. Nach dem Routinemäßigen desinfizieren mit Alkohol, sollte Werkzeug gelegentlich mit Stahlwolle und flüssigem Werkzeugreiniger geputzt werden. Anschließend mit Ballistol® Waffenöl pflegen.

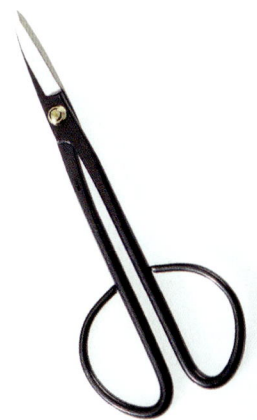

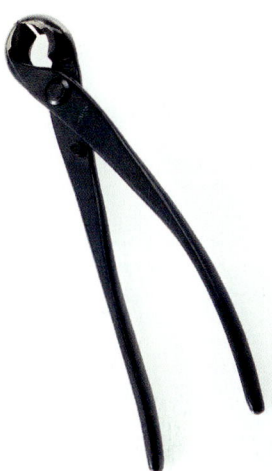

Scheren

- Größere und kleinere Scheren braucht man zum Beschneiden dünnerer Zweige und Knospen. Es ist wichtig, dass das Werkzeug sauber und scharf schneidet, da sonst Krankheitserreger in die gequetschte oder ausgefranste Schnittstelle gelangen können.

Flachkonkavzange

- Die sehr spitze Flachkonkavzange eignet sich für sehr feine Arbeiten. Noch besser als die feine Zweigschere erreicht sie schmalste Zwischenräume. Wichtig beim Selektieren von z. B. Lärchenknospen. Einmal ausprobiert möchte man sie nicht mehr missen.

Konkavzangen

- Konkavzangen in verschiedenen Größen werden zum Entfernen dickerer Äste gebraucht. Der Name ist etwas irreführend, denn der Schnitt ist nur minimal konkav. Bei einer guten Konkavzange entsteht eine glatte, ovale Schnittfläche. Wenn möglich, immer in Saftflussrichtung schneiden.

Knospenzange

- Mit der Knospenzange schneidet man die Wunde nach dem Entfernen eines Astes nach. Der stark konkave, runde Schnitt lässt die Schnittstelle optimal verheilen. Bei solchen Wunden immer Wundpaste auftragen. Sie verhindert das Eindringen von Krankheitserregern.

WERKZEUGE

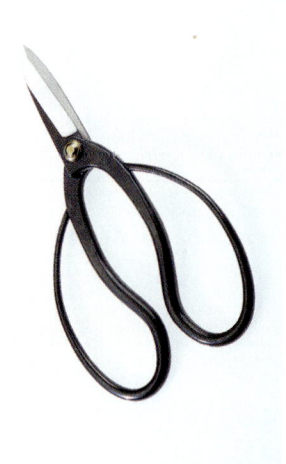

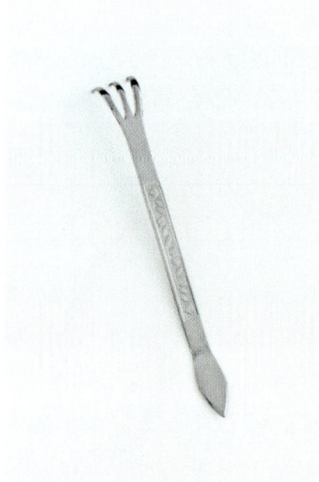

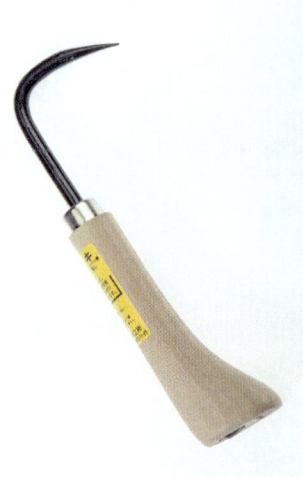

Wurzelschere

- Eine Wurzelschere hat besonders kräftige Klingen, die auch ein Steinchen im Substrat nicht übelnehmen. Die manchmal schon verholzenden Wurzeln, aber auch feine Haarwurzeln lassen sich sauber abschneiden.

Wurzelzange

- Besonders bei Pre-Bonsai findet man gelegentlich sehr dicke Wurzeln. Hier ist eine Wurzelzange hilfreich, die durch ihre dicken, scharfen Backen und die gute Kraftübertragung mühelos auch hartes Holz durchschneidet.

Wurzelkralle

- Mit der Wurzelkralle kratzt man beim Umtopfen als Erstes die verdichtete und bemooste Oberfläche ab und benutzt sie zum Nacharbeiten des Ballens. Auch sonst zum Aufharken der Erde gut geeignet. Den Spatel am anderen Ende benutzt man z. B. zum Abheben von Moos, das man wiederverwenden möchte.

Wurzelhaken

- Wurzelhaken sind beim Umtopfen unverzichtbar. Mit ihnen löst man sehr gezielt und ohne die Wurzel mehr als nötig zu verletzen den verfilzten Wurzelballen. Holzstäbchen sind dafür zu schwach, sie benutzt man beim Eintopfen des Bonsai oder zum schonenden Freilegen des Wurzelansatzes.

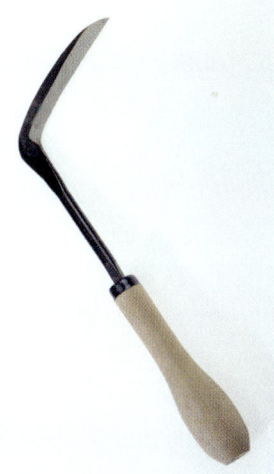

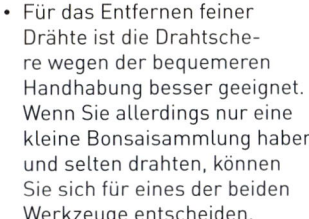

Sichelmesser

- Das sehr scharfe Sichelmesser eignet sich zum Lösen fest eingewachsener Bonsai aus der Schale vor dem Umtopfen. Speziell bei am oberen Rand eingezogenen Schalen ist das notwendig.

Drahtzange

- Drahtzangen sind nötig, um beim Entfernen dicken Drahtes von den Ästen die Rinde nicht zu verletzen. Die Backen des Zangenkopfes sind anders als ein Seitenschneider für Arbeiten am Bonsai entwickelt worden. Benutzen Sie nie eine zu schwache Zange für dicken Draht, das schont Ihr Werkzeug.

Drahtschere

- Für das Entfernen feiner Drähte ist die Drahtschere wegen der bequemeren Handhabung besser geeignet. Wenn Sie allerdings nur eine kleine Bonsaisammlung haben und selten drahten, können Sie sich für eines der beiden Werkzeuge entscheiden.

Jinzange

- Die Jinzange benutzt man beim Ausarbeiten von Totholzpartien. Man quetscht und zieht mit ihr die Rinde vom Ast. Selbstverständlich ist sie auch bei den anderen Drahtarbeiten hilfreich.

WERKZEUGE

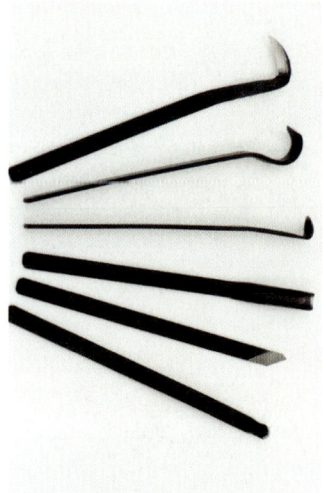

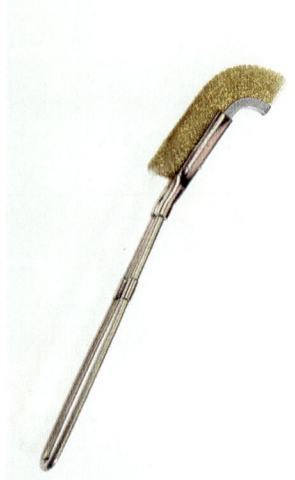

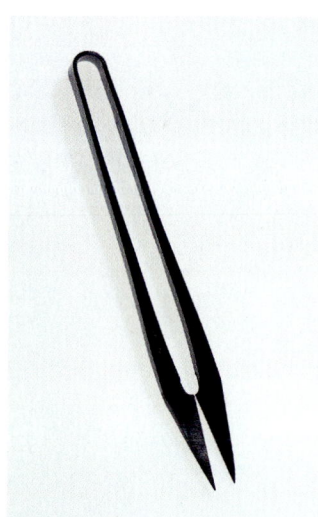

Schnitzwerkzeuge

- Die verschiedenen Schnitzwerkzeuge braucht man, um Totholzpartien – Jin und Shari –, oder Aushöhlungen am Stamm zu bearbeiten. Hier kommen die verschiedensten Formen zum Einsatz.

Messingbürste

- Mit der Messingbürste glättet man faserige Stammoberflächen und Äste wie beim Wacholder oder bei der Potentilla (Fünffingerstrauch). Zum Reinigen z. B. des Wurzelansatzes ist eine Kunststoffbürste wegen der anhaftenden Erde besser geeignet.

Wundpaste

- Wundpaste aus Japan wurde für eine schnelle Wundverheilung nach Astschnitten am Bonsai entwickelt. Anders als bei Wundverschluss aus unserem Obstanbau heilt die Wunde in sehr viel kürzerer Zeit und die Narbenbildung ist unauffälliger.

Blattschneider

- Will man eine Entlaubung durchführen, ist ein sogenannter Blattschneider hilfreich. Er ist einfach in der Handhabung und schont durch die Federwirkung die Handmuskulatur. Übrigens: Führen Sie komplette Entlaubungen bitte nur selten und bei sehr vitalen Bonsai durch.

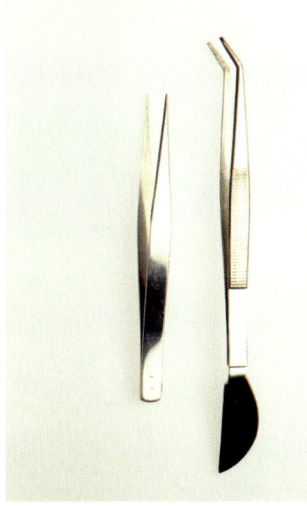

Netze

- Unbedingt nötig sind Netze, die die Abzugslöcher abdecken, ohne den Wasserabfluss zu behindern. Sie müssen mit Draht fixiert werden. Es gibt sie in verschiedenen Größen oder besser noch als Platte, aus der man sich die gewünschte Größe ausschneidet.

Draht

- Draht gibt es in verschiedenen Stärken. Eloxiertes Aluminium ist sehr viel leichter zu verarbeiten als reiner Kupferdraht, da dieser nach dem Formen sofort aushärtet und kaum noch zu korrigieren ist. Allerdings kann bei gleicher Wirkung mit sehr viel dünnerem Kupferdraht gearbeitet werden.

Pinzette

- Eine spitze Pinzette braucht man, um alte Nadeln an Kiefern zu entfernen, sowie zum Pinzieren. Das ist das Entfernen der noch weichen Triebspitzen z. B. beim Fächerahorn oder bei Hainbuchen. Mit der kräftigen, runden Pinzette kann man auch Unkraut leicht entfernen.

Besen

- Mit dem Besen kann man kleine Blättchen, Nadeln oder die Reste der Düngekugeln gut von der Oberfläche entfernen. Auch zum Glätten und Verteilen des Substrates nach dem Umtopfen ist er geeignet.

Warum wird umgetopft?

- Man topft um, wenn sich die Wurzelmasse so vergrößert hat, dass sich der Baum aus der Schale hebt oder wenn die Pflanze kaum oder nur sehr langsam Wasser aufnimmt.
- Der kleine Lebensraum Schale führt auch dazu, dass Bäume verzwergen, aber dennoch müssen ober- und unterirdisches Wachstum im Gleichgewicht stehen.
- Ein weiterer Grund ist eine optische Verbesserung der Schale für den Bonsai. Dafür sollte der Baum aber schon gut einge-wurzelt sein, denn das Umtopfen an einem zu frühen Zeitpunkt ist immer auch eine Störung für das Wachstum. Also: Nicht zu oft umtopfen.

Wurzelschaden

- Vermutet man einen Wurzelschaden, nimmt man zur Kontrolle den Baum aus der Schale. Sind die Wurzeln braun, matschig und lösen sich leicht, muss unbedingt umgetopft werden, denn diese Fäulnisherde greifen auch auf die gesunden Wurzeln über – der Bonsai ist dann nicht mehr zu retten.
- Bestätigt sich der Verdacht der Wurzelfäule wird, unabhängig von der Jahreszeit, sofort umgetopft. Am besten regenerieren sich die geschädigten Wurzeln in einem besonders grobkörnigen Substrat, bei dem das Gießwasser schnell abgeführt wird und eine gute Durchlüftung der Wurzel stattfindet.

KOSMOS
SOFORTHELFER

Ein frisch umgetopfter Bonsai muss besonders geschützt werden. Er sollte an keinem windigen oder zugigen Platz und in den ersten Tagen auch nicht in der prallen Sonne stehen. Häufiges Übersprühen mit feinem Wassernebel entlastet die Grünmasse von übermäßiger Verdunstung.

Wie oft wird umgetopft?

- Wie oft umgetopft wird, hängt vom Alter und von der Baumart ab. Eine junge Forsythie könnte man beinahe zwei Mal im Jahr umpflanzen, eine alte Kiefer dagegen nur alle vier bis sechs Jahre.
- Grundsätzlich müssen Nadelbäume seltener umgetopft werden als Laubbäume. Da sich in der Regel nur eine Nadelgeneration pro Jahr entwickelt, ist auch das Wurzelwachstum entsprechend langsamer. Der Wurzelballen ist meist auch nicht so kompakt und muss vorsichtiger bearbeitet werden.
- Das Umtopfen ist immer auch eine Verjüngung für den Bonsai, d. h. das Wachstum wird angeregt. Aus diesem Grund werden ältere Solitäre auch seltener umgetopft.

Wann wird umgetopft?

- Der Frühling ist die Jahreszeit zum Umtopfen. Der Bonsai hat jetzt die ganze Wachstumsperiode vor sich, um neue Wurzeln zu bilden und sich zu regenerieren.
- Muss man in einem Jahr viele Bäume umtopfen, kann man diese Arbeit bei einem Teil der Bonsai auch im Herbst erledigen. Diese Jahreszeit eignet sich vor allem für Nadelbäume sehr gut, die dann aber frostfrei überwintern müssen. Bis in den November hinein wachsen die Wurzel. Nur im Notfall, z. B. bei Wurzelfäule, wird zu einem anderen Zeitpunkt umgetopft.
- Ist zu einer unpassenden Jahreszeit eine neue Schale nötig (z. B. Sturmschaden), setzt man den Ballen bis zum nächsten Umtopftermin unbearbeitet in eine größere Schale. Substrat auffüllen.

SCHNEIDEN

WARUM

WIRD EIN BONSAI GESCHNITTEN?

- Ein Bonsai ist keine spezielle Züchtung oder Auslese, die von Natur aus klein bleibt.
- Das Schneiden dient der Gesunderhaltung, der Formgebung und Lenkung des Baumes.

WANN

SCHNEIDET MAN?

- immer vor dem Umtopfen
- wenn der Bonsai aus der Form gerät
- Nicht im Hochwinter, dann ist Ruhezeit für den Baum.

WIE

SCHNEIDET MAN RICHTIG?

- mit geeigneten, scharfen und sauberen Scheren und Zangen
- In der Peripherie immer dicke Zweige zugunsten von feinen entfernen, dann sieht es natürlich aus.

Form und Gesundheit

- Das Schneiden des Bonsai geschieht zuerst, um ihm eine bestimmte Form zu geben, aber es dient auch der Gesunderhaltung der Pflanze. Nur wenn in die innenliegenden Äste genug Licht einfällt, findet hier Wachstum durch Knospenbildung statt.

Umtopfschnitt

- Bevor man umtopft, muss **immer** die Grünmasse reduziert werden. Würde man das nicht tun, könnte der Bonsai mit der nach dem Umtopfen kleineren Wurzelmenge nicht die immer noch starke Krone versorgen, und es würde zu Schäden an Teilen des Baumes kommen.

KOSMOS
SOFORTHELFER

Soll sich ein bestimmter Ast verdicken, lässt man einen sogenannten Opfertrieb stark durchtreiben. Durchaus auch auf 1m Länge. Die Energie die hier hingeleitet wird, um die Blätter an diesem Ast zu ernähren, führt schnell zu einem guten Ergebnis. Dann wird dieser Zweig auf eine Verjüngung zurückgeschnitten.

Schnittzeitpunkt

- Wenn die Temperaturen noch sehr niedrig sind, können empfindliche Bonsai wie der Japanische Fächerahorn „bluten", das heißt, an der Schnittstelle tritt Flüssigkeit aus. Man testet dies mit einem Probeschnitt und wartet ein paar Tage oder stellt den Baum in eine **etwas** wärmere Umgebung.

Rückschnitt mit Maß

- Beim jungen Bonsai lässt man die Triebe länger durchtreiben, damit der Baum Energie aufbaut und sich dickere Äste entwickeln können. Bei einem älteren, schon gut entwickelten und fein verzweigten Bonsai, bei dem kein starkes Dickenwachstum der Äste mehr erwünscht ist, muss man viel früher schneiden.

WUNDVERSORGUNG

WARUM
ERFOLGT EINE WUNDVERSORGUNG?

- Eine Wunde sollte immer versorgt werden, um ein Eindringen von Schadpilzen zu verhindern.

WOMIT
VERSORGT MAN SCHNITTSTELLEN?

- mit in Japan speziell für Bonsai entwickeltem Wundverschlussmittel
- Wundverschlussmittel aus dem hiesigen Obst- und Gartenbau taugen allenfalls, um im Wurzelbereich Schnittwunden zu versorgen. Dort spielt die Optik keine Rolle.

WORAUF
MUSS MAN ACHTEN?

- Bevor man den Wundverschluss aufträgt, sollte der Schnitt glatt und sauber ausgeführt sein.
- Je größer die Schnittstelle, umso wichtiger ist der Wundverschluss.

Kallusbildung

- Bei einer Verletzung versucht der Baum durch Kallusbildung die Wunde zu verschließen. Ein Wundverschlussmittel beschleunigt dies und verhindert das Eindringen von Keimen. Je schneller eine Verletzung verheilt, umso unauffälliger wird auch die Narbe an der Rinde.

Sollbruchstellen vermeiden

- Unversorgte Schnittstellen können zu unsichtbaren Sollbruchstellen im Holz werden, wenn man einen Ast bei einer späteren Gestaltung biegen möchte. Die Fäulnis dringt tief ins Holz ein und gefährdet ihn.

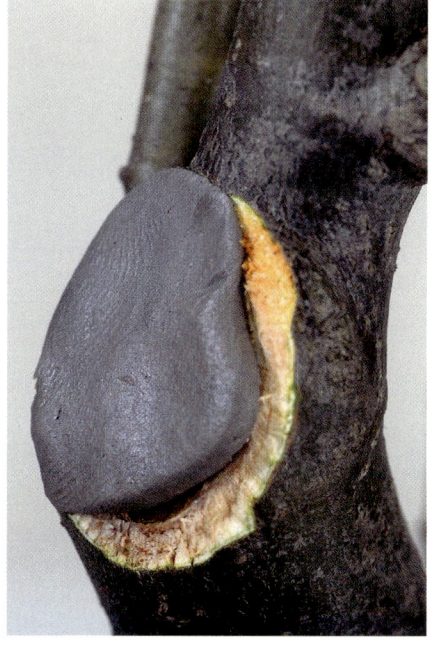

KOSMOS
SOFORTHELFER

Will man bei Bäumen, die nur langsam Kambium bilden, wie Azaleen, einen dicken Ast entfernen, sollte man ihn erst nur zur Hälfte anschneiden. Stellt man dann nach einiger Zeit an der Schnittstelle Kambiumbildung fest, kann man den Ast komplett entfernen.

Wundverschlussmittel

- Im Fachhandel gibt es für größere Wunden eine spezielle Knetmasse. Sie lässt sich einfach mit dem angefeuchteten Finger auftragen. Dafür gibt man etwas Wasser in den Deckel der Dose. Die flüssige Form wird mit einem Applikator auf kleine Schnittstellen getupft. Ist die Wunde verheilt, fällt die Paste ab.

Wundbehandlung

- Hat man einen nicht versorgten alten Aststumpf entfernt, muss das verrottete, morsche Holz ebenfalls vollständig entfernt werden. Zuerst arbeitet man mit der Knospenzange, dann können verschiedene Schnitzwerkzeuge wie ein Stechbeitel hilfreich sein.

DRAHTEN

WARUM
DRAHTET MAN EINEN BONSAI?

- um Äste und Zweige zu lenken und den Bonsai zu formen
- damit Licht und Luft besser in alle Bereiche kommen und die wichtige innere Knospenbildung stattfinden kann

WELCHER
DRAHT IST DER BESTE?

- eloxierter Aluminium- oder Kupferdraht
- Man kann auch andere Drahtarten benutzen, aber mit Bonsai verbindet man Ästhetik und Schönheit. Daher sollte Draht ein unsichtbares Hilfsmittel sein.

WANN
DRAHTET MAN?

- im Spätwinter und im zeitigen Frühjahr
- Die Knospen sollten, damit sie beim Drahten nicht beschädigt werden, möglichst noch nicht angeschwollen sein.

Sinn des Drahtens

- Ein Bonsai soll die Illusion eines alten Baumes vermitteln. Dessen starke Äste sind, schon durch ihr Eigengewicht, waagerecht oder nach unten geneigt. Junge Bäume streben jedoch nach oben, um schnell groß zu werden. Hat man diese Form mit Draht korrigiert, wirkt der Bonsai gleich reifer und „erwachsener".

Draht als Ergänzung des Schnitts

- Da man einen Laubbaum auch sehr gut nur durch einen richtigen Schnitt in Form bringen kann, reicht es hier häufig, Äste mit feinem Draht nach unten zu spannen. Dieser wird an der Schale, im Wurzelbereich oder an unteren Ästen befestigt. Ein dünner Gummischlauch, über den Draht gezogen, schützt dabei die Rinde.

KOSMOS
SOFORTHELFER

Hauptsächlich drahtet man Nadelbäume, Laubbäume können auch gedrahtet werden, haben aber ein schnelleres Dickenwachstum. Vorsicht: Einwachsgfahr! Ein durchgedrahteter Bonsai sollte keinen starken Dauerfrösten ausgesetzt werden. Durch die Leitfähigkeit des Metalls kann es zu Schäden am Baum kommen. Leichte Nachtfröste sind kein Problem.

Nadelbäume drahten

- Nadelbäume kann man wegen ihres langsamen Wachstums sehr gut drahten. Das Auffächern der Zweige beim Gestalten macht sie transparent und bewirkt eine gute Durchlüftung. Licht kommt dann auch in die inneren Bereiche und es können sich Knospen bilden, die für dichte Astetagen sorgen.

Richtig drahten

- Draht nicht zu fest, im 45°-Winkel und gleichem Abstand um den Ast wickeln. Um Verletzungen der Rinde und Brüche zu vermeiden, immer mit einer Hand Draht und Holz sichern, mit der anderen Hand den Draht führen.

ENTDRAHTEN

WANN
WIRD ENTDRAHTET?

- Wann immer man feststellt, dass der Draht eng wird. Das wird hauptsächlich in der Wachstumsphase und hier besonders im September geschehen.

WOMIT
WIRD ENTDRAHTET?

- Mit für Bonsai entwickelten Drahtzangen und -scheren. Auch eine Jinzange oder eine Pinzette können hilfreich sein. Benutzen Sie niemals andere Bonsaiwerkzeuge wie Konkavzangen zum Drahtschneiden, es sei denn, Sie wollten sich sowieso eine neue kaufen.

WIE
ENTDRAHTET MAN RICHTIG?

- Den Draht niemals abwickeln, sondern immer segmentweise abschneiden, denn sonst bricht der Ast dabei sehr schnell.

Vorsicht, Einwachsen!

- Hat man einen Bonsai gedrahtet, muss man ihn immer im Blick behalten, damit der Draht nicht einwächst. Das Ergebnis wären hässliche Verletzungen an der Rinde. Es gibt keine Regel, wie lange das dauert, denn selbst am gleichen Baum ist das Wachstum häufig unterschiedlich. Bei jungen, vitalen Bäumen reichen manchmal 6 bis 8 Monate.

KOSMOS
SOFORTHELFER
Für das Entfernen feiner Drähte ist eine Drahtschere wegen der bequemeren Handhabung besser geeignet. Bei einem voll durchgedrahteten Wacholder z. B. kann das die Arbeit sehr erleichtern.

Draht entfernen

- Drahtzangen sind nötig, um beim Entfernen dicken Drahtes von den Ästen nicht die Rinde zu verletzen. Die Backen des Zangenkopfes sind, anders als beim Seitenschneider, für Arbeiten am Bonsai entwickelt worden. Benutzen Sie nie eine zu schwache Zange für dicken Draht, das schont Ihr Werkzeug.

Richtig entdrahten

- Entdrahtet wird in die umgekehrte Richtung wie beim Drahten: Von oben nach unten und von außen nach innen, entlang der Äste, indem man Segment für Segment aufzwickt. Ist doch einmal etwas Draht in die Rinde eingewachsen, löst man es vorsichtig mit der Jinzange. Bei Verletzungen Wundverschluss auftragen.

KRANKHEITEN

WELCHE
KRANKHEITEN TRETEN AUF?

- im Prinzip jede Krankheit, die auch ein normaler Baum bekommen kann
- Vorkommen können z. B. Mehltau, Chlorose oder durch die Ausscheidungen von Blattläusen verursachter Rußtaupilz.

WIE
MUSS MAN REAGIEREN?

- Kontrollieren Sie Ihre Pflanzen regelmäßig. Bei ungewöhnlichen Veränderungen am besten schnell reagieren, damit der Bonsai keinen langfristigen Schaden nimmt.

WOMIT
KANN MAN BEHANDELN?

- Je nach Problem mit den handelsüblichen Mitteln, aber immer genau die Gebrauchsanleitung beachten. Wichtig z. B. bei Sprays: Den vorgeschriebenen Abstand einhalten, sonst drohen Kälteschäden.

Mehltau und Pilzkrankheiten

- Ein gut gepflegter, vitaler Bonsai hat gute Widerstandskräfte gegenüber Krankheiten. Aber in einem sehr feuchten Sommer sind manche Laubbaumarten anfällig für Mehltau und andere Pilzkrankheiten. Auch von benachbarten Pflanzen können Krankheiten durch Sporen übertragen werden.

Werkzeuge desinfizieren

- Besonders, wenn man nicht sicher ist, um welches Problem es sich handelt, ist es wichtig, das Werkzeug konsequent nach jeder Benutzung mit reinem Alkohol zu desinfizieren und abgeschnittene, befallene Zweige und Blätter nicht auf dem Kompost, sondern im Hausmüll zu entsorgen.

KOSMOS

SOFORTHELFER

Kann man selbst nicht erkennen, um welches Problem es sich handelt, fragt man einen Fachmann. Um eine Ansteckung zu vermeiden, nur befallene Teile in einer Plastiktüte mitnehmen und den Bonsai im Auto, das im Schatten geparkt sein muss, lassen. Ein Händler wird gerne mit Ihnen zum Parkplatz gehen, bevor seine eigenen Kulturen angesteckt werden.

Nährstoffmangel

- Mangelerkrankungen wie eine Chlorose sind meist auf Eisenmangel zurückzuführen. Häufig können die Nährstoffe, die der Baum braucht, von ihm nicht verwertet werden, da die dazu nötige Mykorrhiza (nützliche Bodenpilze, mit denen alle Bäume in Symbiose leben) im Boden fehlt.

SCHÄDLINGE

WELCHE
SCHÄDLINGE TRETEN AUF?

- alle Schädlinge, für den die jeweilige Baumart anfällig ist
- Wurzelschädlinge kommen seltener vor, da das Leben in der Schale und auf Tischen oder Pfosten meist vor einer Übertragung schützt.

WANN
MUSS ICH REAGIEREN?

- Wegen der überschaubaren Größe eines Bonsai kann man ihn gut kontrollieren. Raupen z. B. einfach ablesen. So kann man viele Probleme ohne den Einsatz chemischer Pflanzenschutzmittel lösen.
- Entstehen allerdings Schäden an Blatt oder Nadel, ist eine Bekämpfung nötig.

WOMIT
KANN MAN BEHANDELN?

- Am besten mit systemischen (von innen wirkenden) Mitteln. Diese werden über die Wurzeln aufgenommen und erreichen so zuverlässiger alle Pflanzenteile als ein gespritztes Präparat.

Blattläuse

- Am jungen Blattaustrieben findet man häufig Blattläuse. Bei geringem Befall reichen zur Bekämpfung ein kräftiger Wasserstrahl oder Nützlinge wie der Marienkäfer oder besser noch dessen Larven. Bilden sich aber große Kolonien, können sich auf den klebrigen Ausscheidungen der Läuse (Honigtau) auch Rußtaupilze ansiedeln.

Wollläuse

- An Kiefern oder Lärchen siedeln sich zwischen den Knospen und an den Astunterseiten häufig Wollläuse an. Durch ihre wachsartige Umhüllung sind sie schwer zu bekämpfen. Gut wirkt die mechanische Entfernung mittels eines niedrig dosierten Wasserstrahls eines Hochdruckreinigers. Sorgfältig jedes Triebende abspritzen.

KOSMOS

SOFORTHELFER

Um festzustellen ob ein Spinnmilbenbefall vorliegt, hält man ein weißes Blatt Papier unter den Ast und schüttelt diesen leicht. Dann mit dem Fingernagel über das Papier streichen. Sieht man Blutspuren sind Spinn-milben vorhanden.

Behandlung abwägen

- Ist der Befall stark, können Insekten die Saftbahnen anstechen, um den Pflanzensaft auszusaugen, großen Schaden anrichten und sogar zum Absterben der Pflanze führen Hier muss man abwägen, denn auch ein zu viel oder nicht richtig angewandtes Mittel kann den Bonsai schädigen.

Spinnmilben

- Eine Gefahr stellen Spinnmilben dar, denn sie sind mit dem bloßen Auge nicht erkennbar und man wird oft erst durch das fahle Grün des Baumes auf sie aufmerksam. Dann muss man sofort, am besten mit einem systemischen Mittel, behandeln. Ursache hierfür ist meist ein falscher, zu geschützter Standort.

DIE
12
SCHNELLSTEN
ANTWORTEN

LAUBGEHÖLZE
SCHÖNHEITEN IN ALLEN JAHRESZEITEN

EIN LAUBBAUM ALS BONSAI WIRD SIE IMMER WIEDER ÜBERRASCHEN. BEI IHM KOMMT DER WECHSEL DER JAHRESZEITEN WIRKLICH GROSSARTIG ZUR GELTUNG.

Auf den zarten Frühlingsaustrieb folgt das üppige Sommerlaub, vielleicht sogar mit Blüten und Früchten im Spätsommer. In der zweiten Jahreshälfte folgen dann leuchtende Herbstfarben und zum Abschluss im Winter der blattlose Baum, der jetzt seine filigranen Astlinien zeigen kann.

HERKUNFT

Viele Laubbäume, die sich als Bonsai eignen, kommen ursprünglich aus Japan oder China, auch wenn sie in unseren Gärten schon seit Generationen zu Hause sind. Sie sind meist zierlicher im Wuchs und ihre Blätter sind kleiner als die der meisten europäischen Arten.

VIELFALT

Die vielen Arten lassen kaum Wünsche offen. Da gibt es den eleganten Japanischen Fächerahorn mit prächtiger Herbstfärbung, die mit unzähligen Blüten übersäte Azalee, die stattliche Eiche oder den mit kleinen Früchten dekorierten Zierapfel.

GESTALTUNGSMÖGLICHKEITEN

Alle Baumformen sind möglich. Wenn man an der Küste wohnt, wird man die windgepeitschte Form vertraut finden. Mehrfachstämme oder kleine Gruppen erinnern uns an Feldbäume, die aufrechten Formen an einzeln stehende Parkbäume und über Felsen wachsende Bäume und Kaskaden sorgen für ein alpines Flair.

Japanischer Fächerahorn
(Acer palmatum)

Eigenschaften
- Der Fächerahorn mit seiner großen Varietäten-Vielfalt ist einer der schönsten Bonsai. Sein zartes Laub färbt sich im Frühling und besonders im Herbst in spektakulären Farben.

Pflege
- Bei großer Hitze keine direkte Mittagssonne.
- Beim erwachsenen Bonsai im Neuaustrieb ist tägliches Pinzieren wichtig.
- Bei Dauerfrost und ab -5° C muss er, wie alle Bonsai, ins Winterquartier.

Dreispitzahorn
(Acer buergerianum)

Eigenschaften
- Für den Dreispitzahorn ist ein vollsonniger Platz wichtig. Er wächst stark und man erreicht bei richtigem Schnitt schon in wenigen Jahren eine sehr gute Verzweigung.

Pflege
- Nur leichten Frösten aussetzen, auch im Winterquartier nicht unter -4° C.
- Auf Spätfröste im Frühling achten! Bei beginnendem Austrieb besonders schützen (z. B. ins kalte Treppenhaus stellen).

Buche
(Fagus-Arten)

Eigenschaften
- Buchen haben glatte, graue bis silbrige Rinde.
- Die im Herbst goldgelb gefärbten Blätter mögen es im Hochsommer halbschattig.

Pflege
- Wenn sich die Knospen öffnen, früh pinzieren, damit die Blattabstände kurz bleiben.
- Um die schöne Winterform zu sehen, sollte man die welken Blätter abschneiden, die sonst bis zum Austrieb im Frühling am Baum bleiben.

Hainbuche
(Carpinus-Arten)

Eigenschaften
- Europäische oder Koreanische Hainbuchen können, wenn gut pinziert wird und der Schnitt an der richtigen Stelle erfolgt, zu sehr schönen Bonsai erzogen werden.

Pflege
- Die welken Blätter im Spätherbst abschneiden.
- Im richtigen Winterschutz unempfindlich auch gegen niedrige Temperaturen (-10 bis -12° C).

Felsen- oder Zwergmispel
(Cotoneaster)

Eigenschaften
- Winzige Blätter, kleine rote Früchte und eine enorme Wuchsfreudigkeit machen den Cotoneaster zum idealen Bonsai, speziell auch für Anfänger.

Pflege
- Verzeiht kleine Gießfehler ebenso wie einen Fehlschnitt.
- Kommt mit fast jeden Standort klar.
- Im richtigen Winterschutz unempfindlich auch gegen niedrige Temperaturen (-10 bis -12° C).

Fächerblattbaum
(Ginkgo biloba)

Eigenschaften
- Gehört botanisch eigentlich zu den Nadelbäumen. Er ist wegen seiner interessanten Blattform und der sensationellen Herbstfarbe sehr beliebt.

Pflege
- Eine feine Verzweigung wird man beim Ginkgo kaum erreichen. Er ist daher aber auch einfacher zu schneiden. Gut für Anfänger.
- Der Wurzelbereich ist frostempfindlich. Nicht unter -4° C überwintern.

BLÜHENDE LAUBGEHÖLZE

Zierapfel
(Malus-Arten)

Eigenschaften
- Die schöne Apfelblüte im Mai, die erst grünen und im Herbst dann rotbackigen Äpfelchen machen den Zierapfel zu einem beliebten Bonsai.

Pflege
- Eine feine Verzweigung bekommt ein Apfelbonsai selten. Man schätzt ihn wegen seiner Blüten und Früchte. Für Anfänger geeignet.
- Bei richtigem Winterschutz unempfindlich gegen niedrige Temperaturen (-10 bis -12°C).

Rotdorn
(Crataegus cuneata)

Eigenschaften
- Wunderschöne, pinkfarbene Blüten in gefüllter und ungefüllter Form, die im Mai/Juni den Bonsai schmücken.
- Er hat dornige Äste, aber seine kleinen Blätter machen ihn zu einem sehr gut geeigneten Bonsai.

Pflege
- Der Grundschnitt erfolgt nach der Blüte.
- Im richtigen Winterschutz unempfindlich auch gegen niedrige Temperaturen (-10 bis -12°C).

Satsuki-Azalee
(Rhododendron indicum)

Eigenschaften
- Der schönste Blütenbonsai wird mit über 1200 Varietäten jeden Farbwunsch erfüllen.
- Aber auch ohne Blüten ein sehr schöner Bonsai, mit kleinen Blättern, einem schönen Stamm und meist sehr guten Wurzelansatz.

Pflege
- Wichtig: Knospen selektieren.
- Nach der Blüte Fruchtstände entfernen.
- Nicht alle Arten vertragen stärkere Fröste, daher besser generell nur leichten Frösten aussetzen. Im Winterquartier bei hoher Luftfeuchte, nicht unter -4°C.

Japanische Zierquitte
(Chaenomeles)

Eigenschaften
- Kleinblättriger Bonsai, mit schöner, meist korallen-, seltener cremefarbener Blüte.
- Die ersten Blüten erscheinen oft schon ab Januar, Hauptblüte ist im März bis Mai.

Pflege
- Blütenknospen bilden sich am zwei- und dreijährigem Holz. Daher können die neuen Triebe im Sommer ohne Einfluss auf die Blütenbildung zurückgeschnitten werden.
- Formschnitt und Umtopfen im Herbst, dann weitgehend frostfrei überwintern.

Feuerdorn
(Pyracantha)

Eigenschaften
- Weiße Blütenstände, prächtige orangerote oder gelbe Früchte und immergrüne, kleine Blätter machen ihn zu einem beliebten Bonsai.

Pflege
- Feuerdorn bevorzugt einen vollsonnigen, exponierten Standort, nur so kommt es zur intensiven Fruchtfärbung.
- Im Winter Gefahr durch Austrocknen.
- Nur leichten Frösten aussetzen. Im Winterquartier bei hoher Luftfeuchte halten, nicht unter -4° C.

Echte Quitte
(Cydonia oblonga)

Eigenschaften
- Sehr hübsche rosa Blüten und Laub, das sich im Herbst wunderbar verfärbt.
- Auffallende Rinde, die sich wie bei Platanen in Platten löst.
- Da sich Blüten und Früchte bei allen Bonsai kaum verkleinern, ist bei der Quitte eine Fruchtbildung spektakulär.

Pflege
- Blattschnitt empfehlenswert.
- Im richtigen Winterschutz unempfindlich auch gegen niedrige Temperaturen (-10 bis -12° C)

NADELGEHÖLZE
EIN KLASSIKER – DER NADELBAUM

DIE JAPANISCHE MÄDCHENKIEFER GEHÖRT MIT SICHERHEIT ZU DEN BEKANNTESTEN BONSAI. SIE SOLLTE IN KEINER SAMMLUNG FEHLEN. ES GIBT ABER NOCH VIELE ANDERE IMMERGRÜNE GEHÖLZE, DIE SICH ALS BONSAI EIGNEN, DARUNTER HÄUFIG EINHEIMISCHE PFLANZEN. AUCH NADELBÄUME HABEN HÄUFIG SCHMÜCKENDE BEEREN ODER ZAPFEN, DIE AUF JAHRESZEITEN VERWEISEN.

HERKUNFT

Viele Nadelbäume, die als Bonsai geeignet sind, kommen ursprünglich aus Japan oder China und sind aus unseren Hausgärten schon lange bekannt. Sie sind meist kurznadelig und zierlich im Wuchs. Aber auch aus vielen europäischen Baumarten lassen sich hervorragende Bonsai gestalten.

MERKMALE

Wenn gerade nicht die Zeit zum Drahten ist, sind Nadelbäumen mit weniger Zeitaufwand zu pflegen. In der Regel wächst nur eine Nadelgeneration pro Jahr, und damit entfällt das Nachschneiden während des Sommers. Sie sind auch etwas robuster als Laubbäume, und die Zeitabstände zwischen dem Gießen können etwas länger sein. Ständige Nässe durch zu häufiges Gießen führt schnell zu massiven Problemen.
Bei der Überwinterung muss besonders darauf geachtet werden, dass die immergrünen Pflanzen im Winterquartier vor Wind und Sonne geschützt sind. Der Baum verdunstet sonst zu stark über die Nadeln und durch fehlenden Wassernachschub, und weil der Ballen eingefroren ist, vertrocknet der Bonsai.

GESTALTUNGSMÖGLICHKEITEN

Alle Baumformen sind möglich. Mit ihnen lassen sich vor allem Gestaltungen, die an Bäume im Hochgebirge erinnern, wunderbar umsetzen. Totholz erinnert an den Kampf ums Überleben alter Bäume. Man wendet diese Technik bevorzugt bei Nadelbäumen an.

NADELGEHÖLZE

Mädchenkiefer
(Pinus pentaphylla)

Eigenschaften
- Kiefern sind sonnenhungrig und brauchen viele Stunden am Tag einen vollsonnigen Standort, auch im Frühjahr und Herbst.
- Im September färben sich alte Nadeln gelb. Dies ist kein Alarmzeichen, es signalisiert nur, dass diese Nadeln jetzt durch Zupfen entfernt werden sollten.

Pflege
- Bei richtigem Winterschutz und bei hoher Luftfeuchte unempfindlich auch gegen niedrige Temperaturen (-10 bis -12°C).

Europäische Kiefern
(Pinus sylvestris und P. mugo)

Eigenschaften
- Die europäischen Kiefern sind äußerst robust und etwas schneller wachsend als die japanischen Verwandten.

Pflege
- Sie bevorzugen wie diese einen vollsonnigen Standort.
- Wenn man im Herbst die alten Nadeln am Trieb entfernt, bilden sich dort schneller Knospen.
- Bei richtigem Winterschutz unempfindlich auch gegen niedrige Temperaturen (-10 bis -12°C).

Chinesischer Wacholder
(Juniperus chinensis)

Eigenschaften
- Der Wacholder braucht viel Sonne, viel Dünger und viel Wasser, aber wie alle Bonsai keine Staunässe.
- Im Juni/Juli werden die alten Nadeln gelb. Man sollte sie entfernen, denn je transparenter die Nadelpolster sind, umso kleiner ist die Gefahr durch Spinnmilben.

Pflege
- Bei richtigem Winterschutz unempfindlich auch gegen niedrige Temperaturen (-10 bis -12°C).

Fichte
(Picea-Arten)

Eigenschaften

- Die Fichte ist weit mehr als ein Weihnachtsbaum. Man hat bei ihr viele Gestaltungsmöglichkeiten, die einen schönen Bonsai versprechen.

Pflege

- Junge Pflanzen vor zu viel heißer Mittagssonne schützen.
- Die jungen Triebe werden sehr früh durch Zupfen eingekürzt.
- Bei richtigem Winterschutz unempfindlich auch gegen niedrige Temperaturen (-10 bis -12° C).

Lärche
(Larix-Arten)

Eigenschaften

- Nach einer schönen, goldgelben Herbstfärbung, häufig bilden sich auch schöne Zapfen, wirft die Lärche ihre Nadeln ab. Daher ist sie leichter zu drahten als andere Nadelbäume.

Pflege

- Achten Sie auf Wollläuse.
- Bei richtigem Winterschutz unempfindlich auch gegen niedrige Temperaturen (-10 bis -12° C).

Eibe
(Taxus-Arten)

Eigenschaften

- Die Eibe ist ein sehr robuster Bonsai. Auch mit einem halbschattigen bis schattigen Standort kommt sie im Gegensatz zu den meisten anderen Baumarten zurecht.
- Sie hat flache, dunkelgrüne Nadeln und in manchen Jahren dekorative rote, allerdings sehr giftige Früchte.

Pflege

- Bei richtigem Winterschutz unempfindlich auch gegen niedrige Temperaturen (-10 bis -12° C).

DIE
15
SCHNELLSTEN
NETWORTEN

BONSAIPFLEGE IM FRÜHLING
MÄRZ BIS MAI

WENN DIE TAGE LÄNGER WERDEN, BEGINNT FÜR DEN BONSAIBESITZER EINE ARBEITSREICHE ZEIT, ABER DIE HAT MAN JA IN DEN LETZTEN WINTERWOCHEN HERBEIGESEHNT.

AUSRÄUMEN

Das Ausräumen aus dem Winterquartier und das Wiedereinräumen, wenn es wieder Nachtfröste gibt, ist lästig, aber nötig – Ihre Bonsai werden es Ihnen danken.

ERSTE PFLEGE

Alle Mühen der Winterpflege sind vergessen, wenn sich die ersten Blüten und Blätter öffnen und man beim Schneiden und Umtopfen wieder gestalterisch tätig werden kann.
Das Säubern der Schalen und der Erdoberfläche gehört zu den ersten Arbeiten des Frühlings. Welke Blättchen werden abgekehrt, und haben sich im Winterquartier Unkraut und Sternmoos ausgebreitet sollte man das, will man den Bonsai nicht umtopfen, jetzt sorgfältig mit einer Pinzette entfernen. Ein frisch umgetopfter Bonsai sieht nicht nur schön aus, man kann förmlich spüren und sehen, wie der Baum durch den neu gewonnenen Platz vitaler wird.

GIESSEN

Haben die Fröste im Winter das Substrat an der Oberfläche zersetzt, kann es so verdichtet sein, dass Wasser nur schlecht aufgenommen wird. Auch ein harter Gießstrahl kann eine Ursache sein. Wann immer Sie dies feststellen, wird die Erde mit einer Wurzelkralle oberflächlich aufgelockert. Eventuell muss man auch Substrat nachfüllen. Das Wasser versickert dann wieder zügig. Es findet auch eine bessere Belüftung der Wurzeln statt.
Das zeitige Frühjahr ist wie der Herbst (siehe S. 112) ein guter Zeitpunkt, Totholz zu gestalten.

ERSTE ARBEITEN

WORAUF
MUSS ICH ACHTEN?

- Ein großes Problem bei einem zu warmen Winterquartier zeigt sich dadurch, dass die Bäume schon früh austreiben. Wenn dann die Außentemperaturen noch zu niedrig sind und sich das Laub im geschützten Raum entfalten muss, wird das Blatt durch den Lichtmangel größer und weicher als bei einer Entwicklung im natürlichen Sonnenlicht. Lichtmangel führt immer zu größeren Blättern.
- Die Pflanzen sind dann auch besonders anfällig für Schädlinge wie Blattläuse und Spinnmilben.

Ausräumen und Abhärten
- Jetzt die Temperaturen immer im Blick behalten. Steigen Anfang März die Temperaturen, sollten die Bäume aus Ihrem Winterquartier geräumt werden, denn dort wird es an sonnigen Tagen zu warm. Die Pflanzen reagieren sofort und beginnen zu früh mit dem Wachstum. Die kalte Außenluft hält das Wachstum zurück. Ein Bonsai in Ruhe verträgt niedrigere Temperaturen und man hat weniger Probleme, wenn sich der Winter im März noch einmal zurückmeldet.

Donnerstag	❄	1°	-9°
Freitag	☀	2°	-5°
Samstag	☁	7°	2°
Sonntag	☁	5°	3°
Montag	🌨	6°	2°
Dienstag	🌨	6°	1°

Aktualisiert 14.03.13

KOSMOS
SOFORTHELFER
Haben Sie schon umgetopft, müssen Sie diese Bonsai besonders vor Frost schützen. Angeregt durch das Umtopfen, ist ihr Austrieb auch meist schon weiter fortgeschritten als der Austrieb der anderen Bonsai.

Spätfröste
• Wenn die Knospen anzuschwellen beginnen, müssen die Bäume bei jedem Temperaturfall wieder zurück ins schützende Quartier. Kommen noch Spätfröste, besteht die Gefahr von Kälteschäden. Die bereits angetriebenen Pflanzen sind jetzt viel empfindlicher und verbringen diese besonders kalten Nächte besser in einem frostfreien Raum, z. B. in einem Treppenhaus. Laubbäume sind in dieser Jahreszeit etwas empfindlicher als Nadelbäume.

WORAUF
MUSS ICH ACHTEN?

- Den ersten Austrieb lässt man noch ohne Düngegaben kommen. Die Bäume haben noch eingelagerte Reserven vom Herbst in ihren Wurzeln, die sie jetzt aufbrauchen.
- Auch die Mikroorganismen, die den Dünger verwerten, arbeiten erst mit steigender Bodentemperatur.
- Etwa Ende April beginnt man mit der Düngung der Nadelbäume. Ihr schon vorhandenes Grün sollte unterstützt werden. Haben sich bei den Laubbäumen die Blätter voll entwickelt, kann man auch bei ihnen mit dem Düngen beginnen.
- Auch frisch umgetopfte Bonsai können, sofern Grünmasse vorhanden, nach einigen Tagen mit einem niedrig dosierten organischen Dünger belegt werden.
- Bei Jungpflanzen darf der Stickstoffanteil (N) des Düngers etwas höher sein, damit sie etwas schneller wachsen. Man kann z. B. einen Langzeitdünger wie Osmocote unter das Substrat mischen. Er sorgt für eine gleichmäßige Versorgung während der gesamten Wachstumsphase.
- Um zu vermeiden, dass zu viel Kraft in die Blütenstände geht, wird während der Blüte nicht gedüngt, erst, wie beim Apfel, gegen Ende der Blüte wird mit dem Auflegen des Düngers begonnen. Dieser steht nicht sofort zur Verfügung, sondern braucht einige Tage, bis er wirkt.

FRÜHJAHR **GIESSEN**

KOSMOS

SOFORTHELFER

Häufiges Übersprühen mit einem feinen Wassernebel entlastet den frisch umgetopften Bonsai. So wird die Verdunstung herabgesetzt und der Baum mit seiner reduzierten Wurzelmasse entlastet. Fazit: Für eine hohe Luftfeuchte, keinen Wind, Durchzug oder direkte Sonne sorgen.

Wie gießt man im Frühjahr?

- Auch im Frühling gilt: Man muss den Bedarf des Baumes beobachten. Hat er während der Winterruhe nur sehr wenig Wasser gebraucht (das gilt besonders für die blattlosen Laubbäume) steigt jetzt der Wasserbedarf langsam, aber deutlich an. Der Baum beginnt zu wachsen und seine aktivste Phase startet.
- Gegossen wird, wenn die Oberfläche des Substrats angetrocknet ist.

Gießen nach dem Umtopfen

- Nach dem Umtopfen wird ausgiebig gewässert. Danach heißt es abwarten. Erst wenn der alte Kernballen abzutrocknen beginnt, wird wieder gegossen. Hat man eine größere Schale gewählt, wird der Bereich, in dem noch keine Wurzeln sind, langsamer abtrocknen. Daher immer darauf achten, wie trocken der eigentliche Wurzelbereich ist.

GRUND- UND GESTALTUNGSSCHNITT

WAS
BRAUCHE ICH?

- Schere
- Konkavzange
- Knospenzange
- Wundverschlussmittel
- evtl. Stechbeitel
- evtl. Bonsaisäte (für dicke Äste)

WANN
WIRD GESCHNITTEN?

- Wenn der Baum nicht mehr blutet.
- immer vor dem Umtopfen

WORAUF
MUSS ICH ACHTEN?

- Blutet der Baum noch?
- Wuchsrichtung
- Knospenposition
- Vorderseite festlegen

Schnittmaßnahmen

- Das Frühjahr ist die Jahreszeit, in der hauptsächlich die großen Schnittmaßnahmen an einem Laubbaum durchgeführt werden. Ohne Laub hat man einen guten Überblick auf Astverläufe und Verzweigungen. Auch große Schnittstellen haben die gesamte Vegetationszeit Zeit, um zu verheilen.
- Wenn man die Vorderseite eines Bonsai festlegt, sollte man beachten, dass sich die Spitze des Baumes optisch auf den Betrachter zubewegt. Der Stamm sollte zumindest im oberen Drittel von Zweigen verdeckt sein.

Zeitpunkt

- Sobald die Blattknospen deutlich anschwellen und sich öffnen, beginnt man mit dem Schneiden. Die Äste sollten sich von innen nach außen verjüngen und die unteren stark und dominant sein. Eliminieren Sie Äste, wenn zwei oder mehrere auf einer Höhe wachsen. Beim Schneiden der feinen Verzweigung immer dicke zugunsten von feinen Zweigen reduzieren.
- Beim Schneiden die gesamte Silhouette im Auge behalten. Ein idealer Bonsai hat die Form eines ungleichschenkligen Dreiecks, wenn man die äußeren Punkte durch eine gedachte Linie verbindet.

KOSMOS
SOFORTHELFER
Immer vor dem Umtopfen schneiden. Da man dem Baum große Mengen seiner Wurzeln nimmt, muss man vorher im Ausgleich seine Grünmasse verringern, um eine lückenlose Versorgung zu sichern.

Sollbruchstellen vermeiden

- Hat man durch frühere starke Knospenbildung, die nicht beachtet wurde, Knoten, aus denen von einem Punkt drei und mehr Zweige ausgehen, reduziert man diese auf zwei. Eine Gabelung sieht immer natürlicher aus als ein vieltriebiger Knoten.
- Beachtet man die Richtung, in welche die äußere Achselknospe weist, kann man die zukünftige Wuchsrichtung bestimmen. Das ist ein Grund, warum man einen Laubbaum kaum drahten muss. Durch konsequente Schnittführung steuern Sie den Wuchs des Bonsai.

Weniger ist mehr

- Wirkt der Baum ungeschnitten eher wie ein Busch, wird er nach der Gestaltung, obwohl stark reduziert, größer und baumähnlicher aussehen.
- Kürzt man bei einem Bonsai immer nur außen die Neutriebe ein, wird er innen verkahlen wie eine dicht geschnittene Hecke. Der Baum wird immer größer und die Grünmasse befindet sich nur im Außenbereich.
- Je mehr Licht zwischen die Astetagen fallen kann, umso dichter wird sich die Verzweigung durch gute Knospenbildung entwickeln.

GRUNDSCHNITT – FEINARBEITEN

WAS
BRAUCHE ICH?

- Schere
- Zweigschere
- Stechbeitel
- Konkavzange
- Knospenzange
- Wundverschlusspaste

WORAUF
MUSS ICH ACHTEN?

- sauberes Arbeiten
- Werkzeuge desinfizieren.
- Alte, eingetrocknete Stummel entfernen.
- gründliche Wundversorgung

Nacharbeiten

- Hat man einen stärkeren Ast mit der Konkavzange entfernt, ist es sinnvoll, mit der Knospenzange nachzuarbeiten. Sie höhlt den Schnitt mehr aus und wenn der Wundverschluss nach dem Verheilen der Wunde abgefallen ist, hat man eine glatte Vernarbung. Auch alte und eingetrocknete Aststümpfe, an denen wegen mangelnder Wundversorgung die Fäulnis schon ins Holz eingedrungen ist, kann man mit dieser sehr konkav geformten Zange gut entfernen.

- In diesem Fall muss aber wahrscheinlich auch noch mit einem Stechbeitel nachgearbeitet werden. Mit diesem sehr scharfen Schnitzwerkzeug kann man sehr leicht auch tiefer in das Holz eindringen, um alle faulenden Schichten abzutragen. Entsteht dabei eine Vertiefung, in der in Zukunft wiederum Wasser stehen würde, machen Sie ein Gestaltungselement daraus und schaffen Sie einen Abfluss in Form einer Kerbe.

KOSMOS

SOFORTHELFER

Manche Bäume wie der Fächerahorn können, sind sie noch in Ruhe sind, an kalten Tagen beim Schneiden bluten, d. h. Pflanzensaft tritt aus. Um das auszuschließen, macht man einen Probeschnitt. Bilden sich Tropfen, wartet man besser einige Tage auf wärmeres Wetter. Will man aber auch umtopfen, kann man mit dem Beschneiden der äußeren Wurzeln diesen Saftfluss stoppen.

In Form schneiden

- Mit der sehr scharfen Zweigschere schneidet man alle die Form störenden oder trockenen Äste. Beim Zurückschneiden eines Triebs lässt man im ersten Schritt einen etwa einen Zentimeter langen Stummel stehen, der zurücktrocknet. Wenn man zu knapp an der Knospe schneiden würde, könnte sie in ihrer Entwicklung gestört werden oder sogar absterben. Ist der Stummel eingetrocknet und hat die Knospe sich entfaltet, kann man ihn entfernen und mit Wundverschluss nachbehandeln.

Wundversorgung

- Es ist empfehlenswert, jede Schnittstelle mit einem Wundverschluss abzudecken. Nadelgehölze bilden eine Ausnahme. Sie harzen nach einem Schnitt oder einer Verletzung und produzieren so ihren eigenen Wundverschluss.

- Die japanische Knetmasse, die speziell für Bonsai entwickelt wurde, lässt sich mit angefeuchteten Fingern gut zu einer Kugel formen und dann in einer dünnen Schicht auf der Wunde verteilen. Für kleinere Wunden eignet sich dieser Wundverschluss in flüssiger Form, der per Applikator aufgetupft wird. Beide verhindern, dass Fäulniserreger oder Pilze ins Holz eindringen. Außerdem bewirken spezielle Inhaltsstoffe, dass sich schneller Kambium bildet.

GRUNDSCHNITT – NADELBÄUME

WAS
BRAUCHE ICH?

- Schere
- Zweigschere
- Pinzette
- Konkavzange
- Jinzange

WORAUF
MUSS ICH ACHTEN?

- Es muss immer genug Licht ins Kroneninnere gelangen
- Niemals alle Knospen entfernen.

Zeitpunkt

- Die beste Zeit, um Kiefern zu schneiden, ist ab dem späten Sommer bis in den Winter hinein. Wurde das aber versäumt, kann man auch im Frühling schneiden. Neben dem gestalterischen Formen ist das Schneiden zur gesunden Entwicklung des Baumes sehr wichtig. Dieses Bild entstand im November in einer japanischen Bonsaigärtnerei und zeigt sehr schön den schon bearbeiteten oberen Teil und die noch ungeschnittenen unteren Äste. Die Etagen wirken dicht, sind aber doch so transparent, dass viel Licht nach innen fallen kann und sich nur dann auch dort Knospen bilden können.

Vorgehensweise

- Kürzt man einen Nadelbaum immer nur von außen ein, wird er wie eine Hecke eine schöne grüne „Außenhülle" entwickeln, immer größer werden und dabei von innen verkahlen. Daher ist es wichtig, durch Düngen und Licht im Kroneninneren das Wachstum dort zu fördern. Haben sich dort dann auch Nadelbündel gebildet, die kräftig genug sind, kann man auf diese inneren Verzweigungen zurückschneiden. Im Gegensatz zu einem Laubbaum sollten Sie bei einem Nadelbaum nicht alle Knospen entfernen. Selbst wenn Sie schlafende Knospen sehen, reicht die Energie des Baumes meist nicht aus, immer aus diesen neue Triebe zu entwickeln.

KOSMOS
SOFORTHELFER

Ob Sie die alten Nadeln zupfen oder mit einer Schere stummelartig abschneiden, entscheidet ein Test. Lösen sich die Nadeln leicht, kann man, ohne die Rinde zu verletzen, zur Spitze hin zupfen. Wenn man die Nadeln schneidet, trocknen die Stummel nach kurzer Zeit ein und lösen sich dann leicht.

Wachstum beachten

- Nadelbäume wachsen apikal dominant, das heißt, das Hauptwachstum geht in die Spitze sowie die äußeren, oberen Äste. Man kann das auch an den dickeren Knospen und deren größerer Anzahl erkennen. Deshalb muss in diesen Bereichen stärker geschnitten werden. Damit lenkt man die Wachstumsenergie in die schwächeren unteren Äste um.
- Bei Kiefern hat das Zupfen der alten Nadeln vom Vorjahr die gleiche Wirkung. Die Nadelbündel der Spitze sollten weniger Nadeln haben als die der unteren Äste.

Kerzen einkürzen

- Zum Ende des Frühjahres strecken sich die Kerzen der Kiefern. Kommen aus einem Punkt mehrere Knospen, entfernt man am besten mit einer Pinzette oder einer sehr spitzen Schere – um kurze Nadeln zu erreichen – alle dicken Knospen. Die zwei kleinsten lassen Sie wachsen. Meist streckt sich dann eine zuerst und sie wird vorsichtig, während man mit einer Hand die Basis hält, mit den Fingern der anderen Hand drehend ausgebrochen. Streckt sich nach ca. einer Woche auch die zweite Knospe, geht man genauso vor.

UMTOPFEN I

WAS
BRAUCHE ICH?

- Substrat
- Wurzelkralle
- Sichelmesser
- Drahtzange
- Wurzelschere
- Holzstäbchen
- Bonsaibesen
- evtl. eine neue Schale
- Jinzange
- Netze
- 2-mm-Draht

WORAUF
MUSS ICH ACHTEN?

- vor dem Umtopfen schneiden
- auf den richtige Zeitpunkt
- Fixierdrähte lösen
- Moos retten

Zeitpunkt

- Wenn die Wurzeln den Bonsai in der Schale hochdrücken oder das Substrat das Gießwasser nur noch langsam aufnimmt, ist das ein sicheres Zeichen, dass ein Bonsai umgetopft werden muss. Auch ein ungesundes Aussehen des Baumes hat meist seine Ursache in den Wurzeln.
- Ganz sicher geht man, wenn man den Baum aus der Schale hebt und kontrolliert, wie die Wurzeln aussehen.
- Wenn man die Bäume nach dem Umtopfen frostfrei halten kann, ist es schon ab Ende Februar möglich, Bonsai umzutopfen.

Moos retten

- Ist das Moos auf der Schale schön und flach, kann man es mit einem Spatel abheben und wiederverwenden. Dann wird die Oberfläche mit einer Wurzelkralle abgekratzt. Am Wurzelansatz (Nebari) arbeitet man besser mit einem Holzstäbchen, um das Holz nicht zu verletzen. Legen Sie das Nebari frei, denn häufig verstecken sich schöne Wurzelansätze unter dem Moos. Außerdem ist es besser, wenn das Holz immer abtrocknen und sich am Wurzelhals keine Fäulnis bilden kann.

KOSMOS
SOFORTHELFER
Die Wurzeln aller Bäume gehen eine überlebenswichtige Symbiose mit Pilzen (Mykorrhiza) ein, die beim Umtopfen von Kiefern häufig als weißes Geflecht sichtbar werden. Sie helfen den Bäumen bei der Wasser- und Nährstoffaufnahme. Gießt man zu viel, stirbt die Mykorrhiza ab und der Baum kann die Nährstoffe nicht mehr richtig aufnehmen – und kümmert.

Wurzeln lösen

- Der richtige Zeitpunkt zum Umtopfen ist auch vom Alter und/oder der Baumart abhängig. Manche Pflanzen müssen schon nach einem Jahr erneut umgetopft werden. Wenn aber ein Bonsai überständig ist, das heißt, er wurde etwas zu lange nicht umgetopft, kann man ihn oft nicht einfach aus der Schale heben. Bei Schalen mit oben eingezogenen Rand ist das ohnehin nicht möglich. Dann schneidet man mit einem scharfen Sichelmesser die Wurzeln am Schalenrand ab.
- Diese Methode verhindert auch das Bluten bei Ahorn beim Schneiden.

Aus der Schale heben

- Nachdem die Fixierungsdrähte unter der Schale aufgeschnitten wurden, kann man den Baum aus der Schale heben.
- Meist sind die Wurzeln kreisförmig am Schalenrand entlanggewachsen und es ist fast keine Erde mehr vorhanden.
- Wenn die Schale noch immer im optischen Gleichgewicht zu dem Baum steht, kann man sie, gut ausgewaschen, wieder benutzen. Bereiten Sie jetzt schon die Schale vor, damit der Bonsai später ohne Verzögerung eingepflanzt werden kann.

Wurzeln lösen

- Die Wurzeln des Baumes sind die Grundlage für gesundes Wachstum. Sind durch Pflegefehler, wie zu viel Gießen, die Wurzeln faulig, kann man kein gesundes Grün erwarten. Sieht man aber, gerade bei Nadelbäumen, duftendes Pilzmyzel, weiß man, dass man alles richtig gemacht hat. Bei Laubbäumen kann man die Mykorrhiza meist nicht sehen, aber riechen (Pilzgeruch nach frischer Walderde).
- Mit einem Wurzelhaken lockert man zunächst die Oberfläche, dann die Seiten und zum Schluss die Unterseite des verfilzten Wurzelballens auf. Zwischendurch immer wieder lang herunterhängende Wurzeln mit einer scharfen Wurzelschere abschneiden.

Wurzeln schneiden

- Die meisten Laubbäume haben dichteres Wurzelwachstum als Nadelbäume, deshalb kann man bei ihnen stärker schneiden. Nimmt man z. B. einem Wacholder zu viele Wurzeln und hat auch stark die Grünmasse reduziert, kann er mit einer Stressbelaubung (juvenile, stachelige Nadeln) im folgenden Austrieb reagieren. Nur in Ausnahmen (Fäulnis) sollte man den Kernballen auflösen und ausspülen. Wie beim Schnitt in der Krone entfernt man auch bei der Wurzel dicke zugunsten von feinen Wurzeln, denn nur diese sind für die Wasseraufnahme nötig.

KOSMOS
SOFORTHELFER
Den Abschluss beim Umtopfen im Frühling bilden die Nadelbäume. Ende April sollten alle Bäume umgetopft sein, da hohe Temperaturen immer für Stress bei einem frisch umgetopften Bonsai sorgen. Nicht der prallen Sonne, Dauerregen oder zu starkem Wind aussetzen. Täglich mehrfaches Übersprühen mit feinem Wassernebel verhindert eine zu starke Verdunstung über die Nadeln.

Das Ergebnis

- Ein guter Wurzelschnitt führt zu einem Ballen, der von oben aufgeraut und keine verdichtete Erde mehr aufweist. Holz vom Stamm an der Unterseite des Ballens, wird bei jedem Umtopfen mit der Wurzelzange reduziert. Die dicken Wurzeln werden entfernt, wenn genügend feine die Versorgung sicherstellen. Die Unterseite sollte möglichst plan sein, damit der Baum später in der Schale ohne Hohlräume fest aufsitzt. Ist die Schale noch nicht bereit, schlagen Sie den fertigen Wurzelballen in ein feuchtes Tuch ein, damit die Haarwurzeln keinen Schaden nehmen.

Abzugslöcher abdecken

- Jede Bonsaischale hat Abflusslöcher, je hochwertiger die Schale, desto mehr. Sie stellen sicher, dass Gießwasser oder Regen schnell wieder abfließen können. Diese Abzugslöcher dürfen auf keinen Fall durch Keramikscherben verbarrikadiert werden. Der Handel bietet Netze an, die das Wasser ungehindert abfließen lassen, aber auch verhindern, dass Substrat ausgeschwemmt wird und Hohlräume entstehen.

- Die Netze sollten mit 2-mm-Draht so befestigt werden, dass sie nicht verrutschen können.

UMTOPFEN III

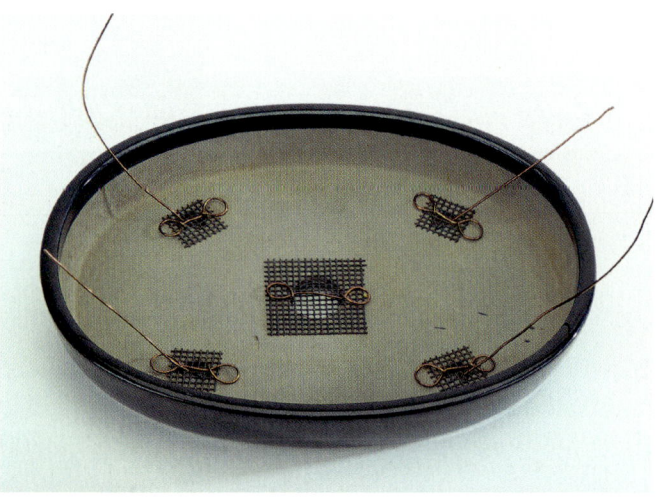

Netze befestigen

- Egal ob sie den Draht zu Schlaufen oder zu einem U formen, der Abstand der zwei Enden, die man durch das Loch führt, sollten immer dem Durchmesser des Abzugslochs entsprechen, das bringt mehr Stabilität.
- Auf der Unterseite der Schale den Draht umbiegen, während die andere Hand das Netz mit dem Draht in der Schale festhält. Man braucht ein bisschen Übung, aber dieses „Innenleben" der Bonsaischale ist ein wichtiger Teil guter Bonsaipflege.

Fixierdrähte einziehen

- Anschließend werden von unten Drähte durch die Abzugslöcher gezogen, die später zur Fixierung des Wurzelballens dienen. Ist der Ballen klein, wird er stabiler, wenn man die Drähte über-kreuz zieht.
- Achten Sie darauf, dass der Draht unter der Schale nicht durch-hängt, sonst kann der Baum nicht ausreichend fixiert werden.
- Das Fixieren des Bonsai ist ausgesprochen wichtig. Transpor-te, Wind und Sturm rütteln an einem unbefestigten Baum und die feinen, wichtigen Haarwurzeln werden in ihrem Wachstum immer wieder gestört. Kleine Bonsai könnten auch schon einmal von Amseln auf Futtersuche „entwurzelt" werden. Sind die Wur-zeln dann einige Stunden der Sonne ausgesetzt, wird der Baum eingehen.

KOSMOS

SOFORTHELFER

Damit der Baum alle angebotenen Nährstoffe auch verwerten kann, sollte man immer Mykorrhiza unter die Wurzeln streuen. Durchs Angießen werden die Pilzmyzelien aktiviert und gehen eine Verbindung mit den Wurzeln ein. Mykorrhiza wird als Pulver oder auf Blähton als Trägermaterial im Bonsaifachhandel angeboten.

Erde einfüllen

- Testen Sie in der leeren Schale, ob der Ballen flach genug für die Schale ist. Der Baum sollte möglichst nicht auf einem Hügel stehen, das erschwert die Pflege.
- Erst anschließend wird der Boden der Schale mit Substrat bedeckt. An der Stelle, wo später der Stamm platziert wird, schütten Sie einen kleinen Hügel auf.
- Das Substrat möglichst staubfrei (gesiebt) verwenden, da es sonst unnötig früh verdichtet. Spezielle Erdsiebe enthalten neben einem feinen Staubsieb auch Einsätze, mit denen man die verschieden Größen der Körnungen trennen kann.

Baum einsetzen

- Wenn Sie jetzt den Baum auf den Substrathügel setzen und ihn mit leicht drehenden Bewegungen platzieren, wird sich das Substrat optimal unter dem Ballen verteilen und Hohlräume ausfüllen.
- Ein Bonsai sollte aus ästhetischen Gründen niemals mittig in der Schale platziert werden. Geht die Wuchsrichtung (visuelle Dynamik) des Baumes nach rechts, ist der richtige Platz in der Schale leicht links von der Mitte – und umgekehrt.

UMTOPFEN IV

Draht fixieren

- Steht der Baum an der richtigen Stelle, werden die Drahtenden zusammengeführt.
- Die Drähte mit der Jinzange anziehen und verdrillen, während die andere Hand den Druck auf den Draht kontrolliert, damit er nicht reißt. Ist der Baum gut fixiert, sollte er sich nicht mehr bewegen lassen. Liegt der Fixierungsdraht über dem Holz des Wurzelansatzes oder einer Wurzel, schützt man es durch das Unterlegen eines passend zugeschnittenen Gummis (Fahrradschlauch) oder einer Netzplatte.

Substrat einfüllen

- Jetzt wird nach und nach Substrat aufgefüllt. Damit keine Hohlräume entstehen, arbeitet man es mit einem Holzstäbchen leicht rüttelnd vorsichtig ein. Stochert man zu heftig, verletzt man feine Wurzeln.
- In Hohlräumen verkümmern Wurzeln, die in sie hineinwachsen, da sie dann nicht mehr mit Substrat in Kontakt sind. Sie sind nicht zu verwechseln mit sehr grobem, luftdurchlässigem Substrat (5–25 mm). Mit diesem fördert man die Wurzelbildung bei Yamadoris (Findlinden) oder Pflanzen, die durch Pflegefehler viele Wurzeln verloren haben.

KOSMOS

SOFORTHELFER

Ein Umtopfen mit voller Belaubung erfolgt nur im Notfall, z. B. bei Wurzelproblemen. Vorher wird die Laubmenge zur Hälfte reduziert. Danach den Baum nicht der direkten Sonne und Wind aussetzen. Erst wenn der Baum wieder wächst bzw. die Wurzeln aktiv sind, wird er zurück an seinem ursprünglichen Standort aufgestellt.

Substratoberfläche glätten

- Mit einem Bonsaibesen wird nach dem Auffüllen das Substrat geglättet. Idealerweise konnten Sie den Ballen so flach arbeiten, dass Sie einen kleinen Gießrand haben und dass kein Hügel entstanden ist. Von ihm wird das Substrat leicht abgeschwemmt. War das nicht zu vermeiden, stabilisieren Sie das Substrat durch das Auflegen von Moos. Verwenden Sie nur flache, kleine Moospolster, die z. B. auf Mauern in der Sonne gewachsen sind. Waldmoos vertrocknet in kürzester Zeit. Bevor man das Moos auflegt, sollte es gut angefeuchtet werden.

Angießen

- Moos kann auch nur aus gestalterischen Gründen aufgelegt werden, aber nicht die komplette Oberfläche bedecken. Der Vorteil, dass Moos die Verdunstung verzögert, ist auch aus gleichem Grund ein Nachteil. Neigt man sowieso dazu, eher mehr zu gießen, trocknet der Baum nur selten richtig ab (speziell in der kühleren Jahreszeit) und man riskiert Wurzelfäule. Außerdem kann man ohne Moos besser beobachten, wie weit abgetrocknet das Substrat ist.
- Zum Schluss wird gegossen, bis das Gießwasser aus den Abzugslöchern abläuft.

WORAUF
MUSS ICH ACHTEN?

- Um bei reiferen Ahorn, Buchen, Lärchen oder Igelwacholder eine feine Verzweigung zu erreichen, muss man pinzieren. Auch das Einkürzen der Kiefernknospe nennt man Pinzieren.
- Pinzieren, im Gartenbau auch Entspitzen genannt, ist eine Methode um mit dem Entfernen einer Triebspitze das Längenwachstum zu stoppen. Es soll den Baum anregen, durch Bildung neuer Knospen Seitentriebe und damit die erwünschte stärkere Verzweigung zu entwickeln.
- Je früher man pinziert umso kürzer werden die Blattabstände (Internodien). Will man einzelne Äste verlängern oder verdicken, werden diese erst später, nach der Bildung mehrerer Blattpaare, geschnitten. Das Gleiche gilt auch für junge Bonsai. Hier lässt man den Baum durch die Bildung der Blätter Energie aufbauen und dann erst wird zurückgeschnitten. Die Internodien werden dann allerdings länger.

Laubbäume

- Sobald sich das erste Blattpaar bei Ahorn oder Buche geöffnet hat, sieht man die Anlagen für das kommende Paar. Mit einer spitzen Pinzette kann man den weichen Trieb einfach abzwicken. An den Tagen, an denen sich die meisten Knospen öffnen, kann es vorkommen, dass man zweimal am Tag pinzieren muss.

Nadelbäume

- Der Neuaustrieb von Igelwacholder und die Langtriebe der Lärche können entweder mit der Pinzette oder den Fingerspitzen pinziert werden. Vorsichtig arbeiten, damit keine Nadeln verletzt werden.
- Durch das Pinzieren kann man dominantes Wachstum umlenken, indem man an starkwüchsigen Bereichen weniger Nadeln lässt.

KOSMOS

SOFORTHELFER

Kiefernkerzen niemals mit der Schere abschneiden. Selbst mit einer spitzen Bonsaischere würde man die Anlagen der Nadeln verletzen und man hat später bei der ausgewachsenen Nadel unschöne braune Spitzen.

Vorsicht bei Kiefern

- Wenn sich am unteren Teil der Kiefernkerze violette Blütenstände bilden, darf nicht pinziert werden. Die Blüten fallen ab und hinterlassen eine kahle Stelle, denn nur ein kleines Nadelbündel hat sich an der Spitze gebildet. Da es in manchen Jahren vorkommt, dass fast jede Kerze Blüten hat, kann man sie nicht komplett entfernen, sondern man muss in dieser Wachstumsperiode diesen Makel akzeptieren.

DIE
14
SCHNELLSTEN
ANTWORTEN

BONSAIPFLEGE IM SOMMER
JUNI BIS AUGUST

DER SOMMER IST DIE ZEIT DES ÜBERFLUSSES. PRACHTVOLLE BLÜTEN WIE BEI DEN AZALEEN LASSEN BEI LAIEN MANCHMAL DEN VERDACHT AUFKOMMEN, DASS ES SICH GAR NICHT UM ECHTE BLÜTEN HANDELN KANN. AZALEENBESITZER WISSEN ES BESSER. BEI ÜBER TAUSEND SORTEN LÄSST DIE FARBEN- UND FORMENVIELFALT KEINE WÜNSCHE OFFEN.

FRUCHTTRAGENDE BONSAI

Fruchttragende Bonsai bilden jetzt ihre Früchte. Bei Granatapfel oder Quitte sollte man, falls sich viele Früchte entwickeln, nur einzelne ausreifen lassen. Besonders der Zierapfel neigt dazu, sehr viele Äpfelchen zu bilden. Reduziert man diese, sieht es nicht nur hübscher aus, es kostet den Baum auch weniger Kraft. Feuerdorn oder Cotoneaster haben kein Problem, alle Beeren bis in den Winter zu tragen.

SOMMERPFLEGE

Große Veränderungen stehen im Sommer nicht an. Bei sehr dicht belaubten oder großblättrigen Arten sollte man allerdings einen Teil der Blätter ganz entfernen bzw. einen Blattschnitt durchführen. Damit hat man auch in dieser Jahreszeit noch einmal eine Gelegenheit, wachstumslenkend einzugreifen und Licht in die wichtigen inneren Bereiche zu leiten. (siehe S. 92/93)

VORSICHT SONNENBRAND

An besonders heißen Tagen kann man empfindliche Bonsai unter Sträucher oder Bäume setzen. Auch wenn sie sonst viel Licht mögen, kann es an solchen Tagen zu viel sein. Sie haben keinen schattenspendenden Baum? Schattierungsnetze (30 bis 50 %) erfüllen diesen Zweck fast noch besser, da man die gewünschte Lichtdurchlässigkeit wählen kann. Selbst ein kühleres Wohnzimmer darf es jetzt für eine in voller Blüte stehende Azalee ausnahmsweise auch mal sein.
Ist es Ende August nicht mehr heiß, kann man bereits beginnen umzutopfen (siehe auch Herbst).

Wasserbedarf abschätzen

- Der Wasserbedarf steigt mit zunehmenden Temperaturen. Die Grünmasse (Laubwerk) hat sich jetzt voll entwickelt und alle Blätter, Blüten und Früchte brauchen Wasser. Wenn eine mittelgroße Azalee z.B. etwa 1500 bis 2000 Blüten bildet, kann man sich vorstellen, dass in dieser Zeit ihr Bedarf an Wasser deutlich ansteigt. Hier darf und soll man ausnahmsweise tauchen.

- Eine Ausnahme bilden Azaleen oder Shohin (Miniaturbonsai), die schwer Wasser aufnehmen. Von April bis September ca. einmal wöchentlich zusätzlich zum Gießen in schwach mit Flüssigdünger angereichertes Wasser für 2–3 min tauchen. So wird sichergestellz, dass auch der innere Ballenbereich unter dem Stamm mit Wasser und Nährstoffen versorgt wird.

Zeitpunkt

- Gegossen wird, wenn die Oberfläche des Substrats angetrocknet ist.

- Für die Kontrolle des Bodens ist es von Vorteil wenn nicht die gesamte Erdoberfläche mit Moos bewachsen ist. Halten Sie immer Teile der Erdoberfläche moosfrei und behalten Sie das Substrat im Auge. Ist das Moos sehr trocken, wird das Gießwasser, wie bei einem trockenen Schwamm, erst einmal abperlen. Dann muss man zuerst das Moos langsam befeuchten, damit es wieder Wasser durchlässt.

Duschen & Übersprühen

- Besonders an heißen Tagen gießt man immer am Morgen. So startet der Baum gut versorgt in den Tag. Je nach Standort muss man möglicherweise mehrmals gießen.
- Duschen Sie Ihren Bonsai, besonders an Tagen mit großer Hitze, mit Regenwasser. Kalkhaltiges Leitungswasser verursacht Flecken. Verbrennungen gibt es nicht. Die Natur hat vorgesehen, dass es auch vor einem Sonnenschein regnen kann. Nach Sonnenuntergang nicht mehr duschen, dann fördert man durch zu viel Feuchtigkeit Pilzkrankheiten.
- Bei Regen dennoch die Bäume auf Wasserbedarf kontrollieren, denn ein dichtes Blätterdach kann wie ein Schirm wirken und das Wasser neben der Schale abtropfen lassen.

Vorsicht, Gießschatten

- Beachtet man bei dickeren Stämmen nicht, dass hinter dem Stamm ein sogenannter Gießschatten entsteht, kann das an heißen Tagen zu Schäden an den Zweigen führen, deren Wurzeln nicht richtig versorgt wurden. Deshalb sorgfältig von allen Seiten gießen und speziell bei nicht frisch umgetopften Bäumen (das verdichtete Substrat braucht länger, bis es ausreichend Wasser aufgenommen hat) einige Male den Gießvorgang wiederholen, bis man sicher ist, dass das Substrat gesättigt ist.

WORAUF
MUSS ICH ACHTEN?

- Am Anfang des Sommers wachsen Bonsai noch sehr aktiv und müssen regelmäßig mit Dünger versorgt werden. Junge Bonsai werden stärker gedüngt als schon fein verzweigte Bäume. Würde man einen alten Solitär zu stark düngen, wäre die Folge eine schwer zu kontrollierende übermäßige Knospenbildung mit so starkem Wachstum, dass die feinen Zweige verdicken. Ältere Nadelgehölze werden gerade so viel gedüngt, dass sie eine gesunde Farbe behalten.
- Dass Bonsai guten Dünger brauchen, ist kein Grund, diesen im Übermaß zu verabreichen. Bei einem Bonsai ist nicht zuletzt deshalb alles ein bisschen kleiner, weil er immer am Rande des Versorgungsminimums lebt.
- Auch die Witterung und davon abhängig die Wassergaben sowie der Substratzustand beeinflussen, wie oft Dünger nachgegeben wird.
- Wird viel Wasser eingebracht, egal ob in Form von Gießwasser oder Regen, wird auch mehr Dünger gebraucht.

Düngepause

- Um den August herum kann ein aufmerksamer Bonsaibesitzer manchmal feststellen, dass viele seiner Bonsai, trotz Hitze, plötzlich weniger Wasser brauchen. Der Grund ist, dass das äußere Wachstum (Blätter und Nadeln) abgeschlossen ist. Man könnte in dieser Phase mit Düngen pausieren.

SOMMER SCHATTIERUNG & HITZESCHUTZ

KOSMOS
SOFORTHELFER
Satsuki-Azaleen vertragen, ähnlich wie die heimische, auf sonnigen Berghängen wachsende Alpenrose, ebenfalls einen vollsonnigen Standort. Eine Schattierung während der Blütezeit verlängert jedoch die Blühdauer. Auch im Hochsommer, nach der Blüte, ist es besser, Azaleen-Bonsai etwas zu schattieren.

Schattieren

• Schattiernetze (30–50 % Schattierung) oder ein halbschattiger Platz unter Bäumen, die vor der Mittagshitze schützen, sind für viele Bonsai im Hochsommer eine willkommene Entlastung. Japanische Fächerahorne, Azaleen, jüngere Buchen oder selbst der Chinesische Wacholder sind sichtbar weniger gestresst, wenn sie an besonders heißen Tagen derart geschützt werden.

Schalen einschlagen

• Da sich nicht nur der Baum, sondern auch die Schale und somit das Substrat stark erhitzen, wird die Verdunstung, sowohl über das Blatt als auch die Oberfläche, stark beschleunigt.

• Hier wurden Shohin, die wegen der kleinen Schalen noch weniger Erdvolumen haben, in feuchten Lavasplitt eingesenkt. Achten Sie dabei penibel darauf, dass keine Staunässe entsteht.

WAS
BRAUCHE ICH?

• verschiedene Scheren
• Wundverschlussmittel

WORAUF
MUSS ICH ACHTEN?

• In der Wachstumsperiode von März bis September können Bonsai immer dann geschnitten werden, wenn sie aus der Form geraten sind. Hat man versäumt, bis zu den letzten sich öffnenden Knospen zu pinzieren, oder wollte man Dickenzuwachs an Ästen, sieht ein Baum so aus wie auf dem Bild rechts.

• Spätestens jetzt sollte man eingreifen, denn wenn man den Baum weiter wachsen lassen würde, kann eine feine Verzweigung, die jahrelang aufgebaut wurde, in einem Jahr verloren gehen. Junge Bäume in der Entwicklung oder ältere Bonsai, bei denen man nach einem Schaden Äste neu aufbauen will, sollte man aber genau so durchtreiben lassen und jetzt schneiden.

Spitzenwachstum und Breitenwachstum

• Man sieht nun deutlich das dominante Wachstum der Spitze und an den äußeren Spitzen der starken Äste (apikale Dominanz). Lenkt man jetzt durch den Schnitt die Energie auch in die untersten, sichtlich schwächeren Äste, erreicht man immer mehr ein ausgewogenes Wachstum.

Äste verdicken

• Will man den linken Ast dicker werden lassen, belässt man den Austrieb eventuell auch über die nächste Wachstumsperiode. Je länger er wird und je mehr Blätter versorgt werden müssen, umso mehr Dickenwachstum findet statt. Das gleiche gilt, wenn man eine neue Spitze aufbauen will und der Übergang zum dickeren Stamm ausgeglichen werden muss.

KOSMOS

SOFORTHELFER

Schattieren Sie einen stark beschnittenen Bonsai immer für einige Tage nach dem Schnitt. Die bisher im Schatten gelegenen Blätter sind noch nicht an das direkte Sonnenlicht gewöhnt und es kann zu Schäden durch Sonnenbrand kommen.

Nicht zu spät schneiden

- Nach dem Schnitt ist der Baum wieder in einem optischen Gleichgewicht.
- Solch starke Schnittmaßnahmen nur im Frühjahr und Frühsommer vornehmen. Der Baum wird durch starkes Schneiden immer zu neuem Wachstum angeregt und muss Zeit haben, die Triebe bis zum Winter auszuhärten.

BLATTSCHNITT & ENTLAUBEN

WAS
BRAUCHE ICH?

- feine Zweigschere
- Blattschneider

WORAUF
MUSS ICH ACHTEN?

- Der jährliche Blattschnitt im Juni/Juli ist bei großblättrigen Arten wie Quitte, Buche, Apfel oder Stewartie empfehlenswert. Man reduziert das einzelne Blatt auf etwa die Hälfte seiner Größe und regt damit den Baum schonend zu einem zweiten Austrieb an.
- Wie die Entlaubung (Blatt am Stiel abschneiden) führt auch der Blattschnitt zu einer Verkleinerung der Blattgröße und kürzeren Internodien. Das Ergebnis ist eine feine Zweigstruktur und eine intensivere Herbstfärbung.
- Eine komplette Entlaubung schwächt den Bonsai unnötig und sollte, wenn überhaupt, nur bei sehr jungen, gesunden und wüchsigen Bäumen im Abstand von mehreren Jahren angewandt werden.

Blattschnitt

- Beim Blattschnitt klappt man das Blatt in der Mitte zusammen und schneidet es dann diagonal ab. So entsteht eine Form, die der Blattform ähnelt. Reduzieren Sie die Blattfläche um 50–70 %. Bearbeiten Sie so alle großen, äußeren Blätter. Die kleineren, inneren Blättchen werden nicht beschnitten.

Entlauben

- Beim Entlauben benutzt man den sogenannten Blattschneider, ein spitzes Schneidewerkzeug, das einer Pinzette ähnelt. Mit ihm schneidet man das Blatt so ab, dass nur der Blattstiel bestehen bleibt. Er trocknet nach kurzer Zeit ein und fällt ab.

Zeitpunkt zur Entlaubung

- Wenn Sie einen Bonsai entlauben möchten, geschieht dies im Frühsommer, wenn sich die Anlagen für neue Knospen in den Blattachsen zeigen. Vier Wochen vor der Entlaubung düngen, nach dem Entlauben den Dünger abräumen und erst wieder auflegen, wenn sich die neuen Blätter ausgebildet haben.

Sommerschnitt

- Da im Sommer Wunden noch schnell verheilen, kann man jetzt, im blattlosen Zustand, noch einmal schneiden und Korrekturen vornehmen. Erfolgt der Schnitt zu spät im Sommer, könnten die neuen Triebe vor dem Winter nicht ausreichend aushärten.

KOSMOS
SOFORTHELFER

Dicht belaubte Arten beschatten sich selbst, sodass kein Licht ins Innere der Krone fällt und die dornigen Zweige absterben können. Entfernen Sie gleichmäßig über die gesamte Krone verteilt bis zu 50 % der Blattmenge. Dabei werden vorrangig große und unschöne Blätter entfernt. Danach den Baum für einige Tage schattieren (Sonnenbrandgefahr).

CHINESISCHER WACHOLDER – SCHNITT

WAS
BRAUCHE ICH?

- Schere
- Flachkonkavzange

WORAUF
MUSS ICH ACHTEN?

- Im Juni werden die alten, inneren Nadeln des Wacholders gelb und fallen ab. Ein normaler Vorgang und kein Grund zur Beunruhigung. Gleichzeitig beginnt jetzt aber auch die Hauptwachstumszeit. Bei noch jüngeren und unausgewogenen Bonsai bilden sich an den Wachstumspunkten starke, spitze Büschel. Durch Zupfen der Spitze kann man diese Dominanzen erst einmal bremsen.
- Dann sollte man sich Zeit nehmen, mit einer feinen Schere Zweig für Zweig auslichten und auf eine Verjüngung zurückschneiden. Würde man, wie manchmal beschrieben, nur zupfen, sind unschöne braune und verletzte Schuppen das Ergebnis. Davon abgesehen bekommt man auf diese Art keine Transparenz in das Grün und es gäbe keine ausreichende innere Knospenentwicklung.
- Das Ergebnis wäre ein Bonsai, der nur außen wächst und von innen mangels Lichteinfall mit der Zeit verkahlt.

Triebspitzen schneiden

- Zuerst werden die kleinen Triebspitzen, die aus dem Laubpolster ragen, geschnitten. Durch den Rückschnitt regt man auch beim Wacholder die Bildung sehr feiner Verzweigungen an, denn er neigt dazu, lange Triebe ohne Verzweigung zu bilden.

Polster auslichten

- Anschließend werden die zu dichten Polster ausgelichtet, indem man auf die nächsten inneren Verzweigungen zurücksetzt. Der Wacholder entwickelt besonders in den Astachseln häufig dichtes Grün. Dieses sollte immer entfernt werden. Dafür ist die Flachkonkavzange sehr geeignet.

KOSMOS

SOFORTHELFER

Wacholder können, wenn sie zu radikal geschnitten werden, mit einer nadeligen Stressbelaubung (juvenilem Wachstum) reagieren. Diese kann dann in den nächsten Jahren nur sehr langsam, durch vorsichtiges Ausschneiden, regeneriert werden.

Schädlingsbefall vorbeugen

- Jetzt sieht man den Unterschied, und es wird klar, dass der Baum jetzt auch an den inneren Ästen Wachstum entwickeln kann. Auch Schädlinge wie die Spinnmilbe werden sich in einem solchen gut belüfteten Baum seltener niederlassen.

Positiv- und Negativbereiche

- Bei diesem Bonsai erkennt man, wie die Strukturen der Verzweigung Licht und Luft in die inneren Bereiche des Baumes lassen. Wichtig für das harmonische Gesamtbild ist auch die Definierung von Positiv- und Negativbereichen (Grünbereich und Leerräume).

AZALEEN PFLEGEN

WORAUF
MUSS ICH ACHTEN?

- Je nach Sorte blühen Azaleen im Mai und Juni. Schattiert man während der Blüte, stellt sie an heißen Tagen in einen kühleren, luftigen Raum und gibt ihr, wenn sie voll aufgeblüht ist, einen Regenschutz, dankt dies die Azalee mit längerer Blühdauer.
- Unbedingt vor der Blüte die Knospen selektieren. Man entfernt zuerst die schwachen, nicht gut entwickelten oder zu dicht stehenden Knospen. Das Blütenbild ist dann weniger dicht, aber gleichmäßiger und wirkungsvoller.
- Die Düngung sollte in den letzten Tagen der Blüte beginnen. Jetzt hatten die Pflanzen viel Kraft in die Blüten investiert und brauchen Nährstoffe, um die Blattentwicklung zu starten. Besonders bei frühblühenden Sorten konnte man vor der Blüte meist noch nicht düngen. Spätblühende Sorten können ab Mai mit Flüssigdünger (wegen der schnelleren Wirkung) bis zum Öffnen der Blüten gedüngt werden. Während der Blütezeit wird nicht gedüngt.

Fruchtansätze entfernen

- Unmittelbar nach der Blüte entfernt man die kugeligen Fruchtstände. Sie verbrauchen sonst viel Energie, die eigentlich in die Blattentwicklung gehen sollte. Meist sind sie leicht abzuknicken oder man schneidet sie mit einer feinen Schere.

Verjüngungsschnitt

- Gesunde Azaleen sollte man zur Verjüngung nach einigen Jahren hart, das heißt bis ins dickere Holz, zurückschneiden. Anschließend für hohe Luftfeuchte sorgen und mäßig gießen.
- Azaleen wachsen nicht, wie die meisten Pflanzen, apikal dominant, daher werden alle Äste gleichmäßig geschnitten.

KOSMOS
SOFORTHELFER
Besonders während der heißen Jahreszeit darf man Azaleen, zusätzlich zum Gießen, einmal wöchentlich in mit Flüssigdünger angereichertes Wasser für einige Minuten tauchen. So wird auch der dichte Kernballen mit Nährstoffen versorgt. Während der Blütezeit darf kein Dünger ins Wasser gegeben werden.

Regulärer Schnitt

- Der reguläre Schnitt erfolgt nach der Blüte. Man entfernt zuerst die Triebe, die den Stamm und wichtige Äste verdecken. Anschließend werden nach innen, steil nach oben oder unten wachsende, und sich kreuzende Triebe entfernt. An den Zweigenden belässt man zwei Triebspitzen.

AZALEEN UMTOPFEN

WAS
BRAUCHE ICH?

- Kanuma-Substrat
- Wurzelkralle
- Drahtzange
- Wurzelschere
- Holzstäbchen
- Bonsaibesen
- evtl. eine neue Schale
- Netze
- 2-mm-Draht

WORAUF
MUSS ICH ACHTEN?

- Moos entfernen
- unmittelbar nach der Blüte umtopfen

Spezialsubstrat Kanuma

- Azaleen-Bonsai pflanzt man in Kanuma, eine leicht saure Spezialerde aus Japan. Wem die gelbliche Färbung von Kanuma nicht gefällt, kann sie mit Akadama abdecken.
- Man sieht deutlich die humose Schicht an der Oberfläche, die sich vor allem durch Moosbewuchs bildet. Sie verdichtet die Oberfläche oft so sehr, dass Wasser nur schwer eindringen kann. Deshalb immer wieder das Moos entfernen, die Oberfläche mit der Kralle abkratzen und neues Substrat auffüllen.

Wurzelballen lockern

- Die feinen Wurzeln der Azalee entwickeln beeindruckende Wurzelansätze. Leider bilden sich dadurch auch häufig undurchdringliche, harte und verfilzte Wurzelballen, die kaum noch gegossen werden können. Kanuma, im Kernballen äußerst strukturstabil, verdichtet sich an der Oberfläche durch Frost und harten Gießstrahl und erschwert das Gießen ebenfalls. Auch deshalb ist es besser, die Substratoberfläche mit Akadama abzudecken. Hier wurde der Ballen eingeweicht und dann mit dem Wurzelhaken vorsichtig gelöst.

KOSMOS

SOFORTHELFER

Für Azaleen gibt es zwei Zeit-
punkte, die sich zum Um-
topfen anbieten. Im zeitigen Frühjahr, dann verzichtet
man wegen des Schnittes auf
einen Teil der Blüten, oder
nach der Blüte, was aber wegen der höheren Tempera-
turen mehr Stress für die
Pflanze bedeutet.

Ausspülen

- Eine weitere Methode ist das Ausspülen
der Erde mit einem harten Wasserstrahl.
Das ist besonders bei Jungware, bei der
noch alte Erde im Kernballen vorhanden
ist, vorzuziehen. Diese Methode kann
schonender sein, denn es werden nicht
so viele Wurzeln zerrissen. Werden abge-
rissene Wurzeln nicht entfernt, verrotten
sie im Wurzelballen und verursachen
Fäulnis.

Erdkeile

- Bei älteren Solitären hat man auch die
Möglichkeit, Keile in den Erdballen zu
schneiden oder sogar mit einem dicken
Bohrer Löcher zu bohren. Die Anzahl
der Keile richtet sich nach Größe der
Pflanze. Diese werden dann mit Substrat
gefüllt und das Gießwasser kann von dort
aus eindringen und sich verteilen. Beim
nächsten Umtopfen setzt man die Keile an
einer anderen Stelle und kann so, Stück
für Stück, den Wurzelballen im Laufe der
nächsten Jahre erneuern.

URLAUBSPFLEGE

WAS
BRAUCHE ICH?

- zuverlässige Nachbarn, Freunde oder einen Bonsaihändler in der Nähe

WORAUF
MUSS ICH ACHTEN?

- Automatische Bewässerungssysteme können ausfallen oder fehlerhaft funktionieren.

Menschen oder Bewässerungssysteme?

- Die Urlaubszeit bereitet vielen Bonsaibesitzern Kopfzerbrechen. Wer betreut zuverlässig die wertvollen Bäume? Gibt es Nachbarn oder ein Familienmitglied, welche die Pflege übernehmen könnten? Voraussetzung sollte dann Erfahrung im Umgang mit Pflanzen sein und eine zusätzliche Einweisung, bei der Sie zeigen, wie Ihre Bonsai gegossen werden.
- Es gibt verschiedene Bewässerungssysteme, die aber bei größeren flachen Schalen nicht zuverlässig für eine gleichmäßige Befeuchtung sorgen können. Meist hat man dann auch im Urlaub immer die Sorge, etwas könnte nicht funktionieren.

KOSMOS

SOFORTHELFER

Fährt man nur wenige Tage weg, reicht es, nach dem gründlichen Wässern die Schalen mit nassen Handtüchern abzudecken und sie in einen dunklen, kühlen Raum, z. B. den Keller oder ein fensterloses Bad, zu stellen. Der Lichtmangel schadet dem Bonsai in jedem Fall weniger als ein Trockenschaden.

Pflege beim Profi

• Im Idealfall kennt man jemanden, der selbst Bonsai besitzt und der die Pflege übernimmt. Haben Sie einen Bonsaihändler in Ihrer Nähe? Auch er wird gegen eine Gebühr gerne die Pflege Ihrer Bonsai übernehmen und Sie können entspannt Ihren Urlaub genießen.

• Wenn Sie in der wärmeren Jahreszeit verreisen, kann man die Risiken mindern, indem man die Bäume in eine schattige und windstille Ecke stellt. Feuchter Rindenmulch oder Rasen als Untergrund erhöhen die Luftfeuchte. Jetzt kann auch ein wenig erfahrener Pfleger die Bonsai mit der Gießkanne gießen und hoffentlich keinen Schaden anrichten.

BONSAIPFLEGE IM HERBST
SEPTEMBER BIS NOVEMBER

NOCH EINMAL MELDEN SICH UNSERE BONSAI MIT SPEKTAKULÄREN LAUBVER-FÄRBUNGEN ZU WORT. DIE SCHÖNEN HERBSTFARBEN ENTSTEHEN, WENN DER GRÜNE FARBSTOFF CHLOROPHYLL DEN BLÄTTERN ENTZOGEN UND IM WINTER IN DEN WURZELN EINGELAGERT WIRD. DANN TRETEN DIE FARBEN GELB, ORANGE UND ROT IN ERSCHEINUNG, DIE VORHER VOM GRÜN ÜBERLAGERT WAREN. VIELE BONSAI TRAGEN JETZT AUCH FRÜCHTE, DIE FÜR ZUSÄTZLICHE FARBE IN DER BONSAISAMMLUNG SORGEN.

GESTALTUNG IM HERBST

Wem im Frühling die Zeit gefehlt hat, kann auch noch im September Totholzbereiche gestalten, und während die letzten Blätter fallen, können noch kleine kosmetische Schnitte durchgeführt werden. Dünne Zweige, die sich im Sommer unter dichtem Laub unschön entwickelt haben und die den Anblick im Winter stören würden, kann man jetzt noch entfernen. Größere Wunden können jedoch nicht mehr verheilen. In einem warmen Herbst kann ein starker Schnitt den Baum sogar noch einmal anregen, Neutriebe zu entwickeln, die dann vor dem Winter nicht mehr aushärten.
Eng gewordenen Drähte werden jetzt entfernt, denn im Herbst findet noch einmal ein Dickenwachstum der Holzbereiche statt. Jetzt nicht mehr drahten.

WINTERQUARTIER VORBEREITEN

Am Ende des Herbstes sollten Sie sich überlegen, wo das Winterquartier für Ihre Bäume errichtet werden soll, und die notwendigen Materialien bereithalten.
Alle Bonsai werden am Ende des Herbstes noch einmal besonders gründlich auf Schädlinge untersucht. Vor allem Wollläuse bei Kiefern oder Spinnmilben bei Wacholder könnten sonst im Winterquartier ungestört den Baum schädigen. Eine gute Maßnahme, um dem vorzubeugen, ist eine Spritzung mit Schwefelkalk.

WAS
BRAUCHE ICH?

- Gießkanne
- Ballbrause
- Gießschlauch

WORAUF
MUSS ICH ACHTEN?

- Der Wasserbedarf nimmt immer mehr ab.
- Trotzdem regelmäßig die Ballenfeuchte kontrollieren.

Gießen reduzieren

- Der Wasserbedarf der Bäume nimmt jetzt immer weiter ab. Besonders Laubbäume brauchen nach dem Laubfall deutlich weniger Wasser. Nadelbäume haben wegen ihrer großen Grünoberfläche auch im Herbst etwas mehr Bedarf. Aber: Keine Staunässe produzieren!

- Duschen Sie Ihre Bonsai jetzt nicht mehr. Das Laub trocknet nicht mehr schnell genug ab. Mit steigender Luftfeuchte nimmt auch die Gefahr von Pilzkrankheiten zu.

- Wie immer gilt, den Bonsai auf Wasserbedarf zu kontrollieren, denn starker Wind kann die Erde ebenso schnell austrocknen wie die Sonne.

HERBST DÜNGEN

KOSMOS
SOFORTHELFER
Da die Pflanzen im Herbst keinen Stickstoff (N) mehr brauchen, kann man nur Kali-Magnesium als letzte Düngung geben. Dieser spezielle Herbstdünger härtet die Bonsai aus, sodass sie gut über den Winter kommen, und im Frühling einen guten Start haben.

Spezialdünger im Herbst

- Die Herbstdüngung ist die letzte Düngung des Jahres und gleichzeitig auch die wichtigste. Jetzt werden die Knospen für das kommende Jahr angelegt. Das wird sich besonders bei blüten- und fruchttragenden Bäumen zeigen. Die im Dünger enthaltenen hohen Phosphor- und Kalianteile kräftigen außerdem den Bonsai für den Winter.

- Aus diesen Gründen legt man Dünger wie Biogold, der eine Wirkungsdauer von vier bis sechs Wochen hat, in der ersten Septemberwoche auf. Flüssigdünger mit einer Wirkungsdauer von zehn bis vierzehn Tagen werden noch einmal Mitte September gegeben. Auch die Dosierung ist jetzt höher. Biogold beispielsweise: Durchmesser der Schale 30 cm: pro Schale 25 bis 30 Kugeln.

UMTOPFEN

WAS
BRAUCHE ICH?

- Substrat
- Wurzelkralle
- Drahtzange
- Wurzelschere
- Holzstäbchen
- Bonsaibesen
- evtl. eine neue Schale
- Jinzange
- Netze
- 2-mm-Draht

WORAUF
MUSS ICH ACHTEN?

- Anfang September kann man, wenn keine sommerliche Hitze mehr herrscht, noch sehr gut umtopfen. Kiefernwurzeln sind auch im Winter noch etwas aktiv und deshalb für das herbstliche Umtopfen besonders geeignet. Wie immer vor dem Umtopfen auch die Nadeln reduzieren.
- Wurzeln der im Herbst umgetopften Bonsai müssen allerdings besser vor starken Frösten geschützt werden als die der im Frühjahr umgetopften Bäume.

Wurzeln im Randbereich

- Bei dieser großen Kiefer erkennt man deutlich, wie sich hauptsächlich außen – dort war vom letzten Umtopfen frisches Substrat – die Wurzeln gut entwickelt haben. Im Balleninneren finden sich jedoch kaum Wurzeln. Das ist ein häufiges Problem, speziell bei großen Bäumen. Durch das Volumen gelangen nur wenig Nährstoffe und Wasser in den Kernballen. Abhilfe schaffen dickere Bohrlöcher, in die man Substrat einfüllt und damit die Versorgung verbessert.

KOSMOS
SOFORTHELFER
Geben Sie bei jedem Umtopfen allen Pflanzen Mykorrhiza (siehe auch nächste Seite) auf die Erde unter den Wurzelballen. Wenn man den Baum nach dem Umtopfen angießt, aktiviert man die Symbiosepilze, die sich an den Wurzeln ansiedeln und im Wurzelballen verbreiten. Mykorrhiza erhält man in verschiedenen Formen im Fachhandel.

Abgestorbene Wurzeln

- Solche Wurzeln werden zu einem Problem. Sie sind, mangels Ernährung, abgestorben und verrotten im Kernballen. Zum Teil werden sie von Asseln und ähnlichen im Boden lebenden Nützlingen abgebaut. Sind aber große Teile der Wurzel in einem solchen Zustand und kommen jetzt Pflegefehler wie zu viel Gießen oder eine längere Regenperiode hinzu, kann dieser Verrottungsvorgang leicht in Fäulnis umkippen. Dann kann die Pflanze ernsthafte Schäden davontragen.

MYKORRHIZA

WAS
SIND MYKORRHIZAPILZE?

- Für uns meist unsichtbar existiert im Boden ein Netzwerk von Pilzen.
- Mykorrhizapilze sind verantwortlich für den Austausch von Nährstoffen. Sie erhöhen die Widerstandskraft der Pflanzen gegenüber Stress-Situationen und Krankheitserregern. Auch die Struktur der von ihnen besiedelten Böden wird verbessert. In einem Wald, unter dichtem Blätterdach, können Sämlinge durch die Vernetzung mit erwachsenen Bäumen sogar von deren Fotosynthese profitieren.
- Das alles macht Mykorrhizapilze zu wichtigen Helfern für Bonsai. Ist also z. B. durch Pflegefehler wie Staunässe die Mykorrhiza abgestorben, können die Nährstoffe und Spurenelemente aus Düngern nicht aufgenommen und verwertet werden. Der Bonsai verhungert sozusagen am gedeckten Tisch.

Mykorrhiza bei Nadelbäumen

- Nur bei wenigen Baumarten wird die Mykorrhiza so sichtbar wie bei der Kiefer, aber 80 % aller Landpflanzen leben in Symbiose mit diesen Pilzen. Sterben sie ab, geht oft auch die Pflanze ein. Kiefern mit ihren dicken Wurzeln und wenig Wurzelhaaren erreichen durch sie auch besser alle Bodenbereiche. Manchmal bilden sich auch wie bei dieser Kiefer sichtbare Pilzpartner wie der Maronenröhrling.

Mykorrhiza erkennen

- Die weißen Wurzelspitzen sind ein Zeichen für gesundes Wachstum. Mykorrhizapilze schützen die Wurzeln vor Infektionen und erhöhen die Trockenresistenz, was bei einem Extremstandort wie dem einer kleinen Bonsaischale besonders wichtig wird. Außerdem liefern sie, da sie tief in den Boden vernetzt sind, der Pflanze Wasser und die im Dünger enthaltenen Nährsalze.

KOSMOS

SOFORTHELFER

Zu viel Nässe kann die Mykorrhizapilze absterben lassen. Die Hilfe, die sie dem Baum bei der Wasseraufnahme gegeben hat, fehlt, die feinen Wurzelhärchen verfaulen und der Baum „vertrocknet" bei nasser Erde. Hier helfen nur Umtopfen und eine Impfung mit Mykorrhiza.

Idealfall

• Wenn man eine Kiefer zum Umtopfen aus der Schale nimmt, sieht sie im Idealfall so aus. Der gesamte Ballen der Kiefer ist gut durchwurzelt und die Mykorrhiza großartig entwickelt. Auch am Geruch kann man erkennen, dass diese Wurzel gesund ist. Sie duftet nach Pilzen wie ein Waldspaziergang im Herbst.

WAS
BRAUCHE ICH?

- Schere
- Pinzierpinzette

WORAUF
MUSS ICH ACHTEN?

- zu dichte Benadelung
- Gesamtbild des Baumes
- Entspannung bei der Pflegearbeit

Gelbe Nadeln

- Im September färben sich meist die alten Nadeln der Kiefern gelb und dann braun ein. Das ist kein Alarmsignal, sondern erinnert daran, dass die herbstlichen Arbeiten an der Kiefer wichtig sind. Manchmal behält der Baum mehrere Jahrgänge Nadeln, um möglichst viel Fotosynthese machen zu können. Diese festsitzenden Nadeln schneidet man stummelartig ab.
- Stehen die Nadeln so dicht, kann man sich vorstellen, dass sich Schädlinge gut geschützt fühlen. Innere Knospenbildung kann, mangels Licht, auch kaum stattfinden. Diese verfärbten, alten Nadeln lösen sich leicht und sollten entfernt werden.

Nadeln zupfen

- Beim Zupfen der Nadeln muss man auf diese kleinen Knospen achten. Sie sind äußerst wichtig und können sich jetzt, da mehr Licht sie erreicht, noch besser entwickeln. Haben sie schon Nadeln, wie die mittlere, diese nie entfernen. Um sie herum werden die alten Nadeln des Haupttriebes, bis auf die diesjährigen, gezupft oder mit der Pinzierpinzette entfernt. Haben sie sich gut entwickelt, kann man im nächsten Jahr auf sie zurückschneiden und sie könnten eine neue Triebspitze sein. Gleichzeitig kann man mit der Menge der Nadeln, die man an den Triebspitzen belässt, das Wachstum steuern. Bei stark wachsenden Ästen entfernt man mehr, an unteren, schwachen Ästen lässt man mehr Nadeln.

KOSMOS

SOFORTHELFER

Das Entfernen der alten Nadeln sollte am besten in der warmen Septembersonne, vielleicht mit einem Glas Rotwein, als wunderbare Meditationsübung genossen werden. Bald wird es kalt und man kann an diesen schönen Tag zurückdenken.

Nadelpolster

- Dieser Ast hat ein dichtes Nadelpolster, das jetzt im September geschnitten werden sollte. Was man im Frühjahr mit der Kontrolle und dem Einkürzen der Kerzen begonnen hat, findet im Herbst seinen jährlichen Abschluss. Durch das Einkürzen und Sortieren der Triebe bringt man eine Struktur in das Gesamtbild des Baumes. Man beginnt mit den offensichtlich störenden Trieben, allen steil nach oben oder unten wachsenden, jenen mit kahlen Stellen durch Blütenbildung im Frühling oder solchen, die sich kreuzen. Immer auf eine Verzweigung in V-Form achten.

Das Ergebnis

- Von oben ist der Ast nach dem Schnitt nun leicht und transparent. Man sieht die schönen Linien der Äste und der Baum hat ein optisches Gleichgewicht. Die Wuchskraft ist ausgewogen, die Knospenbildung angeregt und nach dem Bedarf des Bonsai gesteuert. Das Pinzieren der Kerzen im Frühling und das Zurücksetzen und Ausputzen im Herbst müssen sorgfältig und in jedem Jahr durchgeführt werden. Kommen dazu noch eine gute Wurzelarbeit beim Umtopfen und die richtigen Wasser- und Düngegaben, wird eine gepflegte und vor allem gesunde Kiefer das Ergebnis sein.

TOTHOLZ-BEARBEITUNG

WAS
BRAUCHE ICH?

- Astschere
- Jinzange
- Schnitzwerkzeuge
- Schmirgelpapier
- Kunststoffbürste (Zahnbürste)
- Messingbürste
- Schwefelkalk
- Pinsel
- Wasserglas oder Gefäß zum Jinmittel mischen

WORAUF
MUSS ICH ACHTEN?

- Äste nicht gleich ganz entfernen, sondern erst zum Jin formen.
- Stückweise arbeiten.

Totholzbereiche

- Jin und Shari sind Totholzpartien an Bonsai, die das Gefühl von Alter verstärken sollen. Meist passen sie besser zu Nadelgehölzen, aber auch Eichen, Weiden oder Apfelbäume kennen wir aus der Natur mit geborstenen, ausgehöhlten Stämmen. Wenn man einen Ast abschneidet, sollte man immer erst einmal einen Jin daraus formen. Passt er nicht zum Gesamtbild kann man ihn immer noch entfernen. Besonders bei einem Bonsai wie Wacholder wird der Charakter des Baumes durch Jin und Shari oft verstärkt.

Jin

- Ein Jin ist ein toter, entrindeter Ast, wie man ihn in der Natur beispielsweise durch Lichtmangel am unteren Stammteil von Fichten kennt. Auch Sturm oder Schneelast können Äste abbrechen und absterben lassen. Wenn man aus einem Ast einen Jin machen möchte, schneidet man die Rinde am Übergang zum Stamm mit einem scharfen Messer ein. Nachdem man mit der Jinzange die Rinde gequetscht hat, kann man sie mit der Zange leicht abziehen. Faserige Reste entfernt man mit einem Schnitzwerkzeug und Schmirgelpapier.

KOSMOS

SOFORTHELFER

Um ein Gefühl für diese Arbeit am Holz zu bekommen, sollte man besser nicht am lebenden Objekt experimentieren. Besser erst einmal an einem abgeschnittenen Ast testen. Macht man jetzt Fehler, sind sie nicht schlimm und haben keine Auswirkungen auf den Bonsai. Wer sich ausführlich mit dem Thema beschäftigen möchte, dem sei DAS TOTHOLZ UNSERER BONSAI von F. Jeker empfohlen. (erhältlich bei bonsai-art.com)

Entfernung der Rinde

- Waren Äste, die man zu einem Jin machen will, wie hier vorher gedrahtet, kann man sie manchmal bis in die Spitze entrinden. Sehr gerade Äste wirken meist besser als kurzer Stumpf. Man sollte immer das Gesamtbild beachten.
- Den Eindruck, dass das Holz von der Sonne ausgebleicht wurde, erreicht man mit Schwefelkalk, erhältlich im Fachhandel. Er härtet und konserviert gleichzeitig. Das ist besonders wichtig an Stellen, die länger feucht bleiben, wie am Wurzelansatz. In einer Verdünnung mit Wasser im Verhältnis 1:3 wirkt es am natürlichsten.

Shari

- Shari ist ein entrindeter Teil des Stamms. Hier wird der Überlebenskampf des Baumes noch weit stärker suggeriert. Es entsteht häufig unterhalb abgestorbener Baumteile, da die saftführende Rinde nicht mehr gebraucht wird. Reicht das Shari bis in den Bereich des Wurzelansatzes muss es besonders sorgfältig gepflegt werden. Moose, Flechten und Algen werden mit Bürsten entfernt, da sie das Holz sonst schnell verrotten lassen. Am besten eignet sich die Zeit von Mai bis Oktober für Arbeiten an Totholz

BONSAIPFLEGE IM WINTER
DEZEMBER BIS FEBRUAR

VOR DEM WINTER MUSS MAN ALS BONSAIBESITZER KEINE ANGST HABEN. HAT MAN SICH GUT VORBEREITET, IST DAS DIE EINZIGE JAHRESZEIT, IN DER MAN SICH WENIGER UM SEINE BÄUME KÜMMERN MUSS.

WINTERRUHE

In der Winterruhe der Bäume können Bonsaibesitzer völlig entspannt einen Urlaub antreten oder Weihnachtswunschzettel mit noch fehlenden Werkzeugen für die Familie schreiben. Dennoch sollte zumindest einmal in der Woche eine Gießkontrolle gemacht werden. Nadelbäume haben einen höheren Bedarf als Laubbäume, denn sie behalten ihr Grün und verdunsten mehr Feuchtigkeit.

KÄLTESCHUTZ

Die ersten Nachtfröste sollten Bonsai noch ungeschützt erfahren, denn dies ist für die Bäume das Zeichen, in die Winterruhe zu gehen. Lange Regenphasen im Spätherbst sind ein größeres Problem, deshalb sollte dann der erste Schutz eher gegen die übermäßige Nässe installiert werden. Hier hilft schon ein Dachübersprung oder eine bis zur Mitte eingeschnittene Gummimatte, die um den Stamm über die Schale gelegt wird.
Erst wenn längere Dauerfrostphasen einsetzen, das heißt nachts Temperaturen im Minusbereich und tagsüber um 0° C herrschen, müssen Bonsai ins Winterquartier. In manchen Wintern und je nachdem, wo Sie leben, sind diese Dauerfrostperioden auf wenige Wochen beschränkt. Dann kann zumindest ein Teil Ihrer Lieblingsbäume wieder im Freien aufgestellt werden.

BONSAI IM SCHNEE

Einen wunderbaren Anblick bieten Bonsai, die bei Schneefall einen schönen Platz bekommen und uns von dort aus erfreuen können. Dies ist jedoch nur möglich bei leichtem Frost, bei starker Kälte muss der Baum ins Winterquartier. Der Schnee schmückt nicht nur, er isoliert und schützt die Zweige auch vor dem Austrocknen.

VORBEREITEN FÜRS WINTERQUARTIER

WORAUF
MUSS ICH ACHTEN?

- Fallen die letzten Blätter, kann man die Bäume auf den Winter vorbereiten. Dünne, störende Zweige dürfen noch geschnitten werden, ansonsten ist jetzt Baumhygiene angesagt. Sie unterstützt uns dabei, die Bäume vor Schädlingen und Pilzkrankheiten zu schützen.
- Eine Spritzung mit Schwefelkalk oder Weißöl vernichtet auch die Eier und Larven von Schildläusen und Spinnmilben und wirkt vorbeugend gegen Pilzkrankheiten.
- Zwei Tage, bevor man die Winterspritzung durchführt, wird der Baum mit einem scharfen Wasserstrahl abgespritzt, dann abtrocknen lassen. Der Strahl löst nicht nur unschöne Grünalgen von der Rinde, sondern entfernt auf mechanischem Weg, falls vorhanden, auch Ungeziefer. Wählen Sie einen nicht zu harten Wasserstrahl, damit keine Knospen verletzt werden. Auf diese Weise lassen sich auch sehr gut Wollläuse aus Kiefernknospen spülen.

Laub entfernen

- Buchen und Eichen behalten zum Schutz ihrer Knospen häufig ihre welken Blätter bis zum Frühling. Im Winterquartier ist dieser Schutz nicht nötig. Um die schöne Verzweigung im Winter zu sehen, sollte man die trockenen Blätter abschneiden. So können sich auch Schädlinge nicht so leicht einnisten.

Erde säubern

- Nachdem man welkes Laub, Unkraut und Sternmoos entfernt hat, kratzt man mit einem Holzstäbchen Moos vom Wurzelansatz. Jetzt trocknet er besser ab und eventuell vorhandenes Shari fault nicht nicht. Mit einer Bürste Totholzteile reinigen und mit Schwefelkalk einpinseln. Zur besseren Kontrolle einen Teil der Oberfläche von Moos befreien.

KOSMOS

SOFORTHELFER

Nach der Winterspritzung sollen die Bonsai für einige Wochen nicht mehr in den Regen gestellt oder überbraust werden. Abgewaschenes Spritzmittel kann die Mykorrhiza schädigen. Azaleen niemals mit Schwefelkalk spritzen! Sie vertragen keinen Kalk.

Winterspritzung im November

- Schwefelkalk wird für Laubbäume in einem Mischungsverhältnis von 1:20, bei Nadelbäumen 1:30 (1 Teil Schwefelkalk : 30 Teile Wasser) gespritzt. Weißöl für die Winterspritzung 1:50 verdünnen.
- Man deckt die Schale immer mit Folie oder Zeitung ab und spritzt den kompletten Baum tropfnass. Dann die Schale aufstoßen, damit die Tropfen abfallen und keine „Kalknasen" beim Abtrocknen an den Trieben entstehen.

WARUM

IST EIN WINTERQUARTIER NÖTIG?

- Alle, auch heimische Bäume können im Winter bei Dauerfrost vertrocknen. Sind das Substrat in der Schale durchgefroren und die Krone Wind und Sonne ausgesetzt, verdunstet der Baum seine Wasserreserven und kann aus dem gefrorenen Wurzelballen keine Feuchtigkeit aufnehmen. Packt man nur die Schale ein oder versenkt sie in z. B. einer Torfkiste, zögert man in längeren Frostperioden nur den Zeitpunkt des Durchfrierens der Wurzel um einige Tage hinaus. Die Krone bleibt ungeschützt und kann Wasser verdunsten.
- Ein weiteres Problem beim Einsenken der Schale ist die Gefahr von Staunässe und das Eindringen von Wurzelschädlingen. Man hat einfach keine Kontrolle.
- Nimmt man vor dem Einsenken den Baum aus der Schale stört man, besonders bei in diesem Jahr umgetopften Pflanzen, das Wurzelwachstum.
- Diese Methode kann gut gehen, aber wenn man nur einen wichtigen Bonsai deshalb verliert, ist das einer zuviel.

Einschlagen

- Das beste Rezept für eine sichere Überwinterung ist ein Quartier, möglichst im Schatten, an dem Sie bei Dauerfrost mit einem Wassersprüher die Luftfeuchte erhöhen können. Ein Gartenhaus, die ungeheizte Garage, ein Lichtschacht oder wie auf den Fotos ein Gartentisch erfüllen diesen Zweck. Bei größeren Sammlungen kann man einfache Bänke z. B. aus Bohlen und Ytong-Steinen bauen. Besitzt man nur einen Bonsai, reicht ein geschlossener Karton.
- Selbst ein ungeheizter Wintergarten ist ungeegnet, da er sich wegen der großen Fensterflächen bei Sonne zu stark aufheizt.

Besser kein Gewächshaus

- Ein Gewächshaus ist nicht ideal, denn seine eigentliche Aufgabe ist es, im Frühling bei Pflanzen ein frühes Wachstum zu bewirken. Wenn Sie aber eines besitzen, stellen Sie es möglichst an einem Standort auf, den die Sonne nicht erreicht. Ist das nicht möglich, schattieren Sie es, z. B. mit Schilfrohrmatten.

- Sehr wichtig ist, dass die Temperaturunterschiede zwischen Tag und Nacht möglichst gering sind. Sonne im Spätwinter kann ein Quartier mit größeren Fensterflächen am Tag durchaus auf 20° C erwärmen, was einen frühzeitigen Austrieb anregt. Fällt dann in der Nacht die Temperatur in den Minusbereich, bedeutet das für Sie und die Bonsai Stress.

KOSMOS
SOFORTHELFER

Im Winterquartier brauchen Bonsai kaum Licht. Laubbäume machen ohne Blätter keine Fotosynthese und auch Nadelbäume kommen in dieser Ruhephase mit einem Minimum an Licht aus. Sind sie in der Natur unter meterhohem Schnee begraben, stört sie das auch nicht.

DAS RICHTIGE WINTERQUARTIER

WORAUF
MUSS ICH ACHTEN?

- Alle winterharten Bonsai, auch Azaleen, haben keine Probleme mit Frost, solange eine hohe Luftfeuchte Verdunstung verhindert. In den Porträtkapiteln sind die Bonsai, die keinen zu starken Frösten ausgesetzt werden sollten, aufgelistet. Wollen Sie Ihre Bäume in Ihrer Garage oder dem Gartenhaus überwintern, fallen dort die Temperaturen wahrscheinlich kaum unter -3 bis -5°C. Ansonsten sollte man über die Anschaffung eines Frostwächters nachdenken. Besteht die Sammlung nur aus frostharten Bonsai, reicht der Schutz des Raums mit hoher Luftfeuchte aus.

Einfaches Winterquartier

- Ist Ihr Quartier an einem windgeschützten, schattigen Platz, reicht es, eine Luftpolsterfolie über einen Tisch zu legen und mit Steinen zu beschweren (S. 118). Fällt direkte Sonne darauf, zusätzlich lichtundurchlässige Folie nehmen, damit sich die Luft nicht erwärmt. Falsch wäre dunkle Folie, wie hier abgebildet. Unter ihr erwärmt sich die Luft zu sehr. Bei Dauerfrost sollte das Quartier, um die Luftfeuchte zu halten, einigermaßen dicht abschließen. In frostfreien Perioden die Folie wegklappen und lüften (gegenüber) oder sogar die Bäume auf den Tisch stellen. Wenn Sie die immergrünen nach vorne stellen, bekommen sie bei aufgeklappter Folie mehr Licht ab.

KOSMOS
SOFORTHELFER
Extreme Minustemperaturen kann man sehr gut mit dem Aufstellen einer, oder bei einem größeren Raum, mehreren Kerzen abpuffern. Geschlossene Friedhofskerzen sind ideal. Achten Sie auf ausreichenden Abstand von den Bonsai oder brennbaren Materialien! Kanister mit heißem Wasser erfüllen den gleichen Zweck.

- Ab Ende Februar sollten Sie die Bonsai, vorausgesetzt, es herrscht kein Dauerfrost mehr, ausräumen. So stehen sie kälter und beginnen noch nicht zu wachsen. Kommt wieder Frost, müssen sie zurück ins Quartier. Das ist zwar mühsam, aber Bonsai mit geschwollenen Knospen oder beginnendem Triebwachstum sind viel empfindlicher und müssen noch viel häufiger aus- und eingeräumt werden.
- Ein Baum, der in der Winterruhe im Unterstand kein Problem mit Temperaturen von -12° C hat, sollte sobald er wächst, nicht mehr als -3°C ausgesetzt sein.

WORAUF
MUSS ICH ACHTEN?

- Auch wenn die Bonsai in Winterruhe sind, brauchen sie Wasser. Immergrüne Bäume verdunsten auch jetzt über ihre Nadeln und sollten einmal wöchentlich kontrolliert werden.

- Blattlose Laubbäume haben kaum Verdunstungsfläche und brauchen weniger oft gegossen werden. Aber auch jetzt gilt, durchdringend gießen und abwarten, bis der Baum wieder abgetrocknet ist. Beachten Sie, dass der Bonsai im Winterquartier gleichmäßiger durchtrocknet, denn er ist ohne den Einfluss von Sonne und Wind, die das Substrat von oben austrocknen.

- Durch Moos auf der Schale können Sie schlecht abschätzen, wann das Substrat trocken ist. Kennen Sie Ihre Bonsai gut, kann ein Anheben der Schale helfen, zu beurteilen, ob gegossen werden muss. Besonders bei leichtem Azaleensubstrat Kanuma ist der Unterschied trocken/nass am Gewicht deutlich fühlbar.

Dauerfrost

- Ist Dauerfrost angekündigt, sollten die Bonsai vorher mit Wasser versorgt werden. Während der Frostphase können sie nicht gießen, denn das Wasser kann nicht in den durchgefrorenen Ballen eindringen. Um zu verhindern, dass der Baum durch die Verdunstung seine Reserven zu schnell verbraucht, erhöhen sie die Luftfeuchte. Mit einem Drucksprüher oder einem Hochdruckreiniger erzeugen sie einen feinen Wassernebel, der auf den Zweigen und Nadeln gefriert und sie vor Wasserverlust schützt.

SPÄTWINTER **DRAHTEN**

KOSMOS SOFORTHELFER

Draht immer im gleichmäßigen Winkel von etwa 45° anlegen. Nur so kann der Ast nachhaltig verformt werden. Sind die Windungen zu eng oder kreuzen sich Drähte, ist keine Stabilisierung der neuen Form möglich, außerdem wird der Saftfluss beeinträchtigt.

Der richtige Zeitpunkt

- Neben dem Schneiden ist das Drahten die wichtigste Gestaltungstechnik für Nadelbäume.
- Im späten Winter und zeitigen Frühjahr ist der richtige Zeitpunkt zum Drahten. Um die Knospen nicht zu verletzten, sollten sie noch klein sein. Drahten bedeutet auch Stress für einen Bonsai. Deshalb sollten, wenn möglich, zwischen dem Drahten und Umtopfen zwei bis drei Wochen Pause sein. Wie lange ein Draht am Baum bleiben kann, ist sehr unterschiedlich. Bei jungen und starkwüchsigen Bäumen kann er bereits nach wenigen Wochen eng werden, bei langsam wachsenden können es zwei Jahre sein.
- Verhindern Sie durch regelmäßige Kontrolle ein Einwachsen.

Dicke Äste drahten

- Will man dickere Äste drahten, sollte man sie mit Raffia-Bast umwickeln, um die Rinde zu schonen. Bei dünneren Zweigen macht man das nicht, denn dort bilden sich sonst keine Knospen. Nach dem Drahten kann man die Äste so ausrichten, dass neben der ästhetischen Form auch alle Zweige optimal mit Licht versorgt werden. Auch Laubbäume können gedrahtet werden. Bei ihnen kann der Draht aber noch schneller einwachsen und an der häufig glatten Rinde hässliche Spuren hinterlassen.

SERVICE

FACHZEITSCHRIFTEN

BONSAI ART
Weseler Str. 34
48151 Münster
www.bonsai-art.com

Bonsai Focus
Houtrustweg 96
NL-2566 GJ The Hague
www.bonsaifocus.com

bonsaikunst
das schweizer bonsaimagazin
Weiherstr. 44
CH-8580 Amriswil
www.bonsaikunst.ch

FACHHÄNDLER

Bonsaigarten Linda
U. Krötenheerdt
Hauptstr. 21
07580 Linda/Gera
www.bonsais.de

Japan Bonsai Berlin
T. Grand
Kantstraße 124b
10625 Berlin
www.japanbonsai
berlin.de

Suteki Bonsai Zentrum
A. Melloni
Uferstr. 8
13357 Berlin
www.bonsaizentrum.com

Bonsai Garten Tunnat
W. Tunnat
Lokstedter Steindamm 55 c
22529 Hamburg
www.bonsaigarten-hamburg.de

Bonsai Centrum Hannover
H. Daute
Lägenfeldstr.1
30952 Empelde
www.bonsai-centrum-
hannover.de

Genki-Bonsai
T. Pohl
Celler Str. 24
31275 Lehrte/Röddensen
www.genki-bonsai.de

Bonsaischule Enger
H. & M. Pieper
Feldstr.21
32130 Enger
www.bonsaischule.de

Bonsai-Werkstatt
W. Busch
Hammerdorfstr. 167
40221 Düsseldorf
www.bonsaiwerkstatt.de

Bonsai Park Remscheid
M. Busch
Kölner Str. 112
42897 Remscheid-Lennep
www.bonsaipark.de

Bonsai Zentrum
W. Geßner
Daheimstr.11
47447 Moers
www.bonsai-zentrum.com

Bonsai-Shop-Köln
R. Handsley
Teichstr.16e
50827 Köln
www.bonsai-shop-koeln.de

Bonsai-Zentrum Münsterland
W. & I. Klemend
Raiffeisenstr. 22
59387 Ascheberg
www.bonsai.de

Bonsai Zentrum Frankfurt
H.& G. Rüger
Friedberger Landstr. 520
60389 Frankfurt
www.bonsai-zentrum-frankfurt.de

Bonsai Centrum Wiesbaden
W. Hohensee
Friedrich-Naumann-Str. 18 a
65195 Wiesbaden
www.bonsai-wiesbaden.de

Bonsai Sturm
Martin Sturm
Carl-Zimmermann-Str. 36
67373 Dudenhofen
www.bonsai-sturm.de

Bonsai Zentrum Heidelberg
E. Ziegler
Mannheimer Str. 401
69123 Heidelberg
www.bonsai-heidelberg.de

Bonsai Design
U. Fischer
Oberdorfstr. 33
69245 Bammental
www.bonsai-design.de

Bonsai Zentrum Armbruster
J. Armbruster
Edelmannsweg 28
72116 Mössingen
www.bonsai-armbruster.de

Bonsai Garten Allgäu
D. Jablonski
Hauptstr. 85
75196 Remchingen
www.bonsai-garten-allgaeu.de

Beck-Bonsai
G. Beck
Josef-Schmitt-Str.27
76187 Karlsruhe
www.beck-bonsai.de

Bonsai-Stube Roth
M. Roth
Antogaster Str. 11
77728 Oppenau
www.bonsai-roth.de

REGISTER

Kuck Bonsai
G. Kuck
Karfsee 5
83670 Bad Heilbrunn
www.kuck-bonsai.de

Bonsai Winkler
H. Winkler
Unkofen 8
84098 Hohenthann
www.bonsai-winkler.de

Bonsai-Centrum München
P. Czapka
Hauptstr. 20 a
85777 Fahrenzhausen
www.bonsai-centrum-muen-
chen.de

Bonsai Studio Adelsried
H. & R. Kastner
Eichenstr.11
86477 Adelsried
www.bonsai-kastner.de

Chiisana-en
H. Lehner
Seedorfstr. 23
86928 Hofstetten
www.bonsaigarten.de

Bonsai Dräger
A. Dräger
Asternstr.11
88046 Friedrichshafen
www.bonsai-draeger.de

Bonsai-Zentrale Nürnberg
R. Weißfloch
Höfleser Hauptstr. 5
90427 Nürnberg
www.bonsaizentrale.com

Bonsai-Club Deutschland e. V.
www.bonsai-club-deutschland.de

Schweiz
Bonsai Garten
A. Krähenbühl
Landshutstr. 8
CH-3427 Utzenstorf

Baumschule Zulauf
Bonsaizentrum
M. Rehmann
Degerfeldstr. 4
CH-5107 Schinznach-Dorf
www.zulaufquel
le.ch

Bonsai - Japan
K. Peter
Rietlistr. 32
CH-8172 Niederglatt
www.bonsai-japan.ch

Österreich
Japan Bonsai
J.& G. Klösch
Liedweg
AT-9871 Seeboden
www.bonsai.at

Italien
Othmar Auer
Pustertaler Str.2/2
I-39040 Neustift-Vahrn
www.bonsai-auer.com

Keramik
Bonsaischalen Peter Krebs
Oststraße 9
35745 Herborn
www.peter-krebs.de

IMPRESSUM

Umschlaggestaltung von Gramisci Editorialdesign, München unter Verwendung von zwei Fotos von Helmut Rüger

mit 207 Abbildungen

Alle Angaben in diesem Buch sind sorgfältig geprüft und geben den neuesten Wissensstand bei der Veröffentlichung wieder. Da sich das Wissen aber laufend in rascher Folge weiterentwickelt und vergrößert, muss jeder Anwender prüfen, ob die Angaben nicht durch neuere Erkenntnisse überholt sind. Dazu muss er zum Beispiel Beipackzettel zu Dünge-, Pflanzenschutz- bzw. Pflanzenpflegemitteln lesen und genau befolgen sowie Gebrauchsanweisungen und Gesetze beachten.

Unser gesamtes lieferbares Programm und viele weitere Informationen zu unseren Büchern, Spielen, Experimentierkästen, DVDs, Autoren und Aktivitäten finden Sie unter kosmos.de
Gedruckt auf chlorfrei gebleichtem Papier

© 2013, Franckh-Kosmos Verlags-GmbH & Co. KG, Stuttgart.
Alle Rechte vorbehalten
ISBN 978-3-440-13609-6
Projektleitung:
Kullmann & Partner GbR, Stuttgart
Konzeptionelle Entwicklung:
Dr. Folko Kullmann, Marc Strittmatter
Lektorat: Dr. Folko Kullmann
Gestaltungskonzept:
Gramisci Editorialdesign, München
Gestaltung und Satz: Kristijan Matic
Produktion: Jürgen Bischoff
Printed in Slovakia

FSC
www.fsc.org

MIX
Papier aus verantwortungsvollen Quellen
FSC® C084279

DIE AUTORIN

Annegret Rüger betrieb mit ihrem Mann mehr als zwanzig Jahre eine Bonsai Galerie in der Nähe von Frankfurt. Die Beobachtungen und Erfahrungen, die sie und ihr Mann bei der Pflege von Tausenden, zum Teil hochwertigster Bonsai, sammeln konnten, und das Wissen um die Probleme und Fragen ihrer Kunden sind in dieses Buch eingeflossen.

DER FOTOGRAF

Helmut Rüger ist seit vielen Jahren als freier Fotograf tätig und betreibt in Schöneck bei Frankfurt seine Fotogalerie Aba images. Jahrelang begleitete der Bonsaienthusiast diese wunderbaren Bäume fotografisch durch alle Jahreszeiten. Die Liebe zu Bonsai ist in jeder seiner Aufnahmen spürbar. Seine Bilder sind in zahlreichen Bonsaibüchern veröffentlicht und zieren die meisten Titel der Fachzeitschrift Bonsai Art.

Wissen aus erster Hand.

Margot und Roland Spohn
Kosmos-Baumführer Europa
304 Seiten, 2600 Abbildungen, €/D 19,95

Ob wir in Wald und Park, in Orangerien oder in den Urlaubsländern unterwegs sind: Dieser Naturführer porträtiert erstmals alle unsere europäischen sowie häufige außereuropäische Bäume. Alle Porträts mit einzigartig illustrierten Details zu Blatt, Blüte, Frucht, Rinde und Wuchsform.

Andreas Vietmeier • Mariann Klug
Pflanzenschutz
128 Seiten, 220 Abbildungen, €/D 14,99

Damit die Freude an Garten- und Zimmerpflanzen lange hält, haben wir die wichtigsten Fragen und Antworten zusammengestellt: Ohne langes Suchen und Blättern, mit vielen Schritt-für-Schritt-Fotos und schneller Hilfe bei Problemen mit Schädlingen und Krankheiten.

kosmos.de/garten